孤独症儿童的行为教学

Applied Behavior Analysis for Children with Autistic Spectrum Disorders

刘昊 / 著

图书在版编目（CIP）数据

孤独症儿童的行为教学/刘昊著. --北京：华夏出版社，2018.8（2023.3重印）

ISBN 978-7-5080-9489-2

Ⅰ.①孤… Ⅱ.①刘… Ⅲ.①孤独症－儿童教育－特殊教育 Ⅳ.①G766

中国版本图书馆 CIP 数据核字（2018）第 089271 号

©华夏出版社有限公司 未经许可，不得以任何方式使用本书全部及任何部分内容，违者必究。

孤独症儿童的行为教学

作　　者	刘　昊
责任编辑	刘　娲
出版发行	华夏出版社有限公司
经　　销	新华书店
印　　刷	三河市少明印务有限公司
装　　订	三河市少明印务有限公司
版　　次	2018 年 8 月北京第 1 版 2023 年 3 月北京第 4 次印刷
开　　本	710×1000　1/16 开
印　　张	15
字　　数	200 千字
定　　价	49.00 元

华夏出版社有限公司 地址：北京市东直门外香河园北里 4 号 邮编：100028
网址：www.hxph.com.cn 电话：(010) 64663331（转）

若发现本版图书有印装质量问题，请与我社营销中心联系调换。

目 录
CONTENTS

导读／1

认识ABA

第一章　ABA的概貌／3
为ABA全景定位／3
为ABA正名／6

第二章　ABA的内核——行为／12
了解行为——什么是行为／12
功能分析——为什么他/她会有这些行为／24
强化物和强化策略——拿什么来改变
　　孩子的行为／33

行为改变策略：帮您成为孩子的行为管理者

第三章　后果控制策略／51
消退——"把好果子拿走"／52
差别强化——"好行为有好果子吃，
　　坏行为没有"／62
塑造——"接近好行为了就有好果子吃"／69
刺激控制——"给孩子搭个梯子"／76
串链——"把孩子的好行为串起来"／90
惩罚——"坏行为不光没有好果子，
　　还会有坏果子"／97

第四章　前提控制策略 / 107

了解和应对孤独症儿童的感知觉特征 / 107

了解和应对孤独症儿童的行为习惯 / 114

视觉提示手段的运用 / 121

第五章　策略的综合应用 / 131

ABA 策略的应用——综合运用实例 / 131

两种综合方法——行为契约和代币系统 / 149

教学方法：帮您成为孩子的教师

第六章　回合试验教学 / 161

何为"回合" / 162

怎样练好"精要秘籍" / 170

从单个的回合到整合的教学 / 178

第七章　在日常生活中使用 ABA / 190

情境教学——让生活充满学习机会 / 190

维持与泛化——保持和应用学会的技能 / 199

第八章　组织规划长期的教学 / 208

为孩子的发展绘制蓝图——制订教学计划 / 208

应用行为"分析"——做好记录，用数据来指引教学 / 215

初版后记 / 227

再版后记 / 229

导　　读

在所有孤独症儿童干预的心理和教育方法中，应用行为分析（Applied Behavior Analysis，ABA）可以说是影响最广泛的，也是被科学研究关注、探讨最多的。然而它并不是一种神秘的方法，更不是必须要有很高文化和很深理论水平才能理解和掌握的方法。实际上，ABA 是最平民化、最浅显易懂的方法，它的基本理念和原理都是从日常生活中的常识当中提取、精炼而来的。因此，我们积极推荐大家学习它，并在日常生活中运用它来教育自己的孩子。本书的重要任务之一，就是揭掉 ABA 的神秘面纱，还它以平民化的本来面目。

本书第一章先简要地展示孤独症儿童教育康复中各种方法的全景，并在其中找到 ABA 的"坐标"，借此来说明 ABA 的性质、定位，然后总结社会上流传的种种对于 ABA 的误解，并一一澄清，进而帮助您更好地理解和认识 ABA。

我们先来看一下 ABA 这种方法究竟能帮助我们做什么，我们为什么要学习 ABA。

总的来说，它能教会我们做两件事，也就是我们的两项任务：

第一，在孩子的生活中灭火，做好"消防员"。

第二，带孩子爬楼梯，做好"引导员"。

所谓"灭火"，就是指正确处理孩子的行为问题。怎样"灭火"？如果我们懂得燃烧的原理，就会知道燃烧需要氧气。同样的道理，孩子的问题行为也有它赖以产生和维持的"氧气"。一个好的"消防员"不能只会往火上浇水（有时甚至是"火上浇油"），而是要学会如何给问题行为"断氧"。怎么"断氧"？简单地说，就是："坏行为没有好果子吃，好行为才有好果子

做好孩子生活的"消防员"

吃。"这句话听起来非常简单,却隐含了大量问题等待解答。

◇ 什么是好行为?什么是坏行为?

◇ 孩子做出的各种行为是为了"吃果子"吗?如果是,那么他们是为了吃什么样的"果子"?我们怎么才能知道这些?

◇ 应该给孩子吃什么样的"果子"?(孩子想吃什么"果子"?吃什么样的"果子"合适呢?)

◇ 怎么给孩子"吃果子"?

"爬楼梯"则是指教孩子学习知识、技能,提高孩子的各项能力。在这个过程中,我们要成为高效的"引导员",要为他们"搭架子",带他们"爬梯子",一步一步地向目标进发。那么,这个比喻又隐含了哪些问题呢?

◇ 梯子顶端是什么?即要达到什么目标?

◇ 怎么搭梯子?搭什么样的梯子?梯子搭多高才好?

◇ 如果楼太高,梯子不好搭怎么办?

◇ 怎样才能让孩子不靠梯子和大人的引导自己爬上楼?

◇ 有没有一套系统成形的办法,教我们怎么给孩子搭梯子?

需要大家注意的是，"灭火"和"爬楼梯"并不是截然分开的，而是相辅相成的。也就是说，处理孩子的问题行为和教给孩子知识技能绝对不是互不搭界的。实际上，只有在纠正孩子问题行为的同时教他学会正确的行为方式，才能最有效地减少问题行为；而当孩子掌握了更多的知识和技能时，他的问题行为自然也会减少。所以说，它们是统一的关系，是可以相互促进的。

做好孩子前进的"引导员"

了解了 ABA 的两大任务后，也就自然出现了接下来的问题：ABA 是用什么样的方法去完成这两大任务的？具体地说，ABA 提供了一系列的"策略"，即行动指南。介绍这些策略以及运用它们的具体方法，就是本书的另一个重要内容。ABA 所包括的策略有很多种，要一下子全面地理解和使用所有的策略是不可能的，但是这些策略并不是毫无联系的，它们背后贯穿着相同的逻辑线索，就像长在一棵藤蔓上的西瓜，是同根同源的。因此，只要抓住了这根"藤"，也就掌握了各项策略的精髓，这是学习 ABA 的关键所在。那么，这根"藤"是什么呢？它可由八个字组成："扬善抑弊，赏罚有度。"听起来十分简单，这不就是我们挂在嘴边的常识吗？的确，ABA 的策略正是透过这些简单的常识，来帮助我们回答它所引申出来的问题，包括：什么是"善"？什么是"弊"？怎么"扬"？怎么"抑"？"奖"多少？"罚"多少？"度"在哪里？等等。本书的大部分内容，就是和大家一起尝试着去寻找这些问题的答案。

通过解析 ABA 的核心概念——"行为"，第二章将回答什么是"善"、什么是"弊"的问题。而第三章、第四章则通过介绍具体策略，来回答怎么"扬",怎么"抑","奖"多少,"罚"多少,"度"在哪里的问题。其中,第三章主要介绍六种"后果控制策略",即通过控制行为的后果,来改变孩子行为的策略。包括:"消退——把坏行为的好果子拿走""差别强化——好行为有好果子吃,坏行为没有""塑造——接近好行为了就有好果子吃""刺激控制——给孩子搭个梯子""串链——把孩子的好行为串起来""惩罚——坏行为不光没有好果子,还会有坏果子"。第四章介绍的"前提控制策略"是指通过控制环境,来提前预防或引导孩子行为的策略。要做到这一点,必须了解孩子的感知觉特征,以及他们的行为习惯,并以特定的方式加以应对。

第五章中综合运用这些策略的实际例子,能够帮助大家对于 ABA 在生活中的系统使用有一个感性、全面的了解。包括:教孩子如厕,减轻孩子的恐惧情绪,帮孩子改掉挑食的毛病,训练孩子的"共同注意"等,这些都是生活当中常见同时也是困扰很多家长朋友的问题。这些实例不仅可以作为加深理解的工具,同样也是具体的行动指南,可以为正在面临类似问题的家长提供直接的帮助。

ABA 不仅提供了一系列的策略,而且还有一套教学方法,帮助我们系统、有序地教育孩子,使他们不断学习知识和技能,增强各个方面的能力,尽可能地获得最大的发展。从第六章开始,详细地介绍这套教学方法。不仅包括如何在"课堂"中教学(第六章),还包括如何把这套方法运用到日常生活中去,创造和利用各种学习机会,使孩子能从生活中不断吸收养分(第七章)。之后,还将结合一些实例,展示如何系统、长期地规划我们的教学(第八章)。

至此,我们已经把 ABA 所包含的内容概括了一遍,即本书的主要内容。"ABA 是一道菜",本书的目的就是把这道菜的菜谱给大家,至于口味如何就由大家自己决定了。依照 ABA 的菜谱,我们可以根据孩子的情况做出五花八门、各式各类的菜来。如果现在您还抱有类似于"我的孩子功能很高,听说 ABA 只适合功能低的孩子,那我还要不要学习它"这样的问题,那么请先认真读完本书,相信那时您就会认同这句话:"没有'菜谱适合谁'的问题,只有'口味适合谁'的问题。"

特别要提醒的是,ABA 这道菜只能做"小灶",决不能做成"大锅饭"。也就是说,无论是解决问题行为还是教孩子学习技能,都必须从孩子的个体情况出发,采取有针对性的措施。那种"量贩式"的批量解决问题的方式绝不可能有好的效果。在为孩子选择教育康复机构、学校时,不应只看其硬件、规模,最重要的是要看孩子能否得到个别化的评估、计划和教学。

最后要强调的是,本书所能提供给大家的只是一些原理或方法。借用前文"顺藤摸瓜"的比喻,本书给大家的只是一些种子,最终孕育出的是枝繁叶茂的累累硕果,还是枝叶枯黄的干瘪果子,就要看您为它提供的养料如何了,而最好的养料,就是您的细心、专心、耐心和用心。

细心:ABA 要求细致入微地观察孩子的每一个动作、每一个表情的变化,关注孩子每一天点滴的进步。

专心:ABA 要求当和孩子在一起时,将注意力放在孩子身上,不放过任何一个教学的好时机。

耐心：ABA要求在孩子的每个进步前学会等待，明白"冰冻三尺非一日之寒"的道理。

用心：ABA要求经常思考、反思，不断地变化和改进，让自己的教育更有效、更成功。

细心、专心、耐心、用心是应用ABA的必需

 # 认识 ABA

本部分将揭开 ABA 的面纱,告诉您它到底是什么,不是什么。第一章"ABA 的概貌"首先展示各种孤独症教育康复方法的全景画面,让您认清 ABA 在这幅画面中的位置;之后又一一列举 ABA 所受到的批评并且加以澄清或解释,帮助您透过批评这面镜子反观 ABA,更准确地认识它。第二章详细介绍了 ABA 的核心概念——"行为"和核心策略——"强化",为其他策略的学习打下基础。

第一章 ABA 的概貌

为 ABA 全景定位

ABA 是英文 Applied Behavior Analysis 的简称,在国内译为"应用行为分析"。在开始了解它之前,让我们先对孤独症的康复和教育方法有一个概览式的了解,以便更好地理解 ABA 在其中的位置。由于涉及对各种康复教育方法的全面介绍,本章不可避免地会提到一些专业术语和理论背景。如果您觉得不太好懂,完全可以略过本章,从第二章看起,这并不会妨碍您接下来的理解。在看完后面的内容后,请再回头来看本章内容,相信那时您会对 ABA 有更清晰、完整的认识。

孤独症被人类发现和认识的时间并不长,从 1943 年美国精神科医生利奥·凯纳(Leo Kanner)最先报道病例到今天,也不过半个多世纪,而人类开始尝试治疗和干预孤独症的时间则更短。但是,在这一领域中人们所尝试过以及仍在尝试的各种方法,恐怕是在所有疾病治疗领域中最多、最丰富的。曾经有人做过统计,针对孤独症的各种治疗干预方式、方法共有上千种,即使剔除一些毫无科学依据的方法以及相互重叠(叫法不同但本质近似)的方法,仍然有上百种之多。由于孤独症的病因、发病机理等问题至今没有弄清楚,所以在医学上还没有找到一种有效的办法,能够像治疗感冒发烧那样来治疗孤独症,因此,目前医疗手段所起到的作用基本上限于改善症状或抑制并发症的发生。这样,改善孤独症儿童生活和生命质量的任务就落在了教育和心理工作者的肩上。正是他们开发出了各种各样的教育干预和心理治疗方法，应用在孤独症康复领域。这些教育和心理干预方法，总体上可以分为三大类。

第一类，是从儿童的感知觉入手，认为孩子表现特异的内在原因，在于其听觉、视觉、运动觉等各种感觉的接受、处理功能出现了问题。基于此，这类方法将重点放在对感知觉功能的改善上。其中，最著名的就是感觉统合训练、听觉统合训练。这类方法往往借助一定的仪器设备，以特定的方式刺激儿童的感知觉，以达到矫正的目的。但是，这些方法所依据的科学理论往往是未经确证的，其效果也众说纷纭。严格来说，它并不是教育方法，而是属于治疗手段。

第二类可以称为"发展主义"的方法。这类方法对儿童的发展有着共同的看法：将儿童看作自主发展的个体，他们在周围环境（包括物质环境，如衣食住行等生活条件；社会环境，如父母的关爱、社会的关怀）的作用下，沿着一定的轨迹和路线，逐步发展成一个更成熟、更适应环境的人。这种理念提倡创设有利于儿童发展的环境（包括物质环境和社会环境），引导儿童自主地发展进步。在这个过程当中，教育者的角色是引导者和帮助者。比如，"地板时光""DIR"① （Developmental, Individual-Difference, Relation-

---

① 注：参见《特殊需要儿童的地板时光》，[美] 斯坦利·格林斯潘等著，赵瑾娜译，华夏出版社，2018 年出版。

ship-Based，译为"发展、个体差异、以关系为基础"）都可以算是发展主义的方法。

第三类则可称为"行为主义"的方法。这类方法将儿童的发展过程看作一个一个"技能"的累加，"孩子长大了，进步了"就意味着他掌握了更多、更丰富、更高级的技能，包括各种动作技能、语言技能、认知技能、学习技能等等。举例来说，1 岁的孩子可能掌握有 100 种简单、低级的技能（如抓握勺子、牙牙学语），而 5 岁的孩子则掌握着 1000
种比较高级的技能（比如，能够自如地使用筷子，能够流利地和人交谈，学会了骑小三轮车，能够写自己的名字）。基于这种认识，教育的目的就在于：找出儿童目前水平和应该具有的水平之间的差距，也就是他/她有哪些技能存在不足或缺失，然后"查缺补漏"地对这些技能予以训练。教育者的角色是督导者和训练员。ABA 就是行为主义方法的集大成者。

发展主义的方法类似于农业生产，教育过程就像给作物浇水施肥一样，通过有利的环境给儿童以"养料"，培育他们让他们自己快快生长。而行为主义的方法更像是工业生产，教育过程就像给机器装配螺丝一样，按部就班地赋予儿童应该具备的每一项技能。ABA 把孤独症儿童的发展视为"行为"的改变（某些行为的增加，某些行为的减少），而干预的目的就是去改变"行为"，增加好的行为，减少不好的行为或让不好的行为消失。

上面"发展主义"和"行为主义"的分类并不是十分严格而明确的，二者更没有优劣上下之分。实际上这两类干预方法都呈现出相互吸收、相互交融的趋势：发展主义的方法会借鉴行为主义的方法，而行为主义的方法也会采纳发展主义的一些原则。近些年来，ABA 越来越多地强调尊重儿童的兴趣，按照儿童的发展轨迹决定干预的内容，这正体现着发展主义的一些特征。

为 ABA 正名

对于世界上任何一件事物，总会有正反两方面的声音，ABA 也不例外。在它被全世界广泛接受的同时，也有很多对它的批评和指责。让我们先来了解一下这些负面的声音，透过它们反观 ABA 自身，更清楚地了解 ABA 到底是什么、不是什么。

第一，有人批评 ABA 过于僵化、死板，这是最常见的批评。遗憾的是，这实在是一桩大冤案。无论是从它依据的理论上，还是从它的各项策略来看，ABA 都和"僵化、死板"的评语不搭界。恰恰相反，ABA 所强调的是，要根据每个孩子的特点和需要，随时对教学和干预做出调整，以便有针对性地解决问题。千人一面的计划、简单机械的重复，不是 ABA 的特点，而是 ABA 的大敌。批评 ABA 僵化、死板的人，很可能犯了将其等同于"回合试验教学"①的错误。"回合试验教学"是在 ABA 原理的基础上发展出来的一套教学模式（见第六章）。作为一种教学模式，回合试验教学具有相对固定的程序和步骤，虽然乍一看似乎的确有点机械，但是这些程序和步骤绝不是要百分之百严格遵守的"操作规程"，而仅仅是大体框架。任何一个真正领会 ABA 原理的人，在进行回合试验教学时都会融入一些变化，依据情况做出适当的调整，绝不会一遍遍地重复同样的操作步骤。所以，我们要说：没有僵化死板的 ABA，只有将 ABA 做得僵化死板的人。

类似的批评还有：ABA 的教学过于密集，强度太大，显得不够"人性"。和前面的批评一样，应当接受这种批评的也不是 ABA 本身，而是把它做得不够"人性"的人。并不是说只有每周做够多少个小时才能有效

---

① 注：回合试验教学（Discrete Trial Teaching, DTT），也译为"回合式教学""回合教学法""单一尝试教学""离散单元教学"等。

果，重要的不是时间，而是效率（见第八章）。本书在后面的章节（"组织规划长期的教学"）将介绍如何科学、合理地安排孩子的学习计划，使学习变得更有效率。

第二，有人批评ABA过于重视实物强化手段，使教育过程显得像动物训练，不够自然。这种批评是有道理的，但只在干预者犯了如下错误时才成立：（1）忽略了社会性强化以及活动强化等其他形式；（2）忽略了ABA所强调的"强化的淡出"，也就是从较多的强化，过渡到较少的强化，甚至没有强化；（3）对ABA所重视的"自然强化手段"视而不见。实际上，只要正确理解了"强化物"的意义和作用，用好社会性强化、活动性强化，注意强化的淡出，注意使用自然的强化物，ABA绝对不是"训练动物"。正确认识和了解强化物及强化策略（见第三章第三节）才能使这种方法得到适当的使用。

第三，有人批评ABA过于重视数据的收集和分析，太过浪费时间。这种批评主要来自于研究领域。就像前面讲到的，ABA的"分析"就是指，它强调通过观察收集行为变化的数据，并在这些数据的基础上做出评估和判断，决定下一步的干预计划。这的确需要花费一定的时间和精力。不过，在实际的干预中，数据的收集并不是每时每刻都必需的。本书虽然也会介绍一些数据收集的方法，但会淡化ABA的"分析"特征，只在必要时简要介绍。（如果您对这部分内容感兴趣，并且愿意使自己的教学更为科学、系统，可以参考第八章第二节的内容）

第四，有人批评ABA治标不治本，不能从孤独症的核心入手，解决其根本问题。的确是这样，ABA的功能不在于"治疗"障碍，而是尽量使孩子掌握更多技能，改善其行为状况，以便更好地适应社会。在孤独症的病因尚未明确、医疗手段力不从心的条件下，要求任何一种心理、教育干预方法根本解决孤独症的核心障碍，都有些勉为其难。谁会期望通过戴眼镜就能彻底告别近视呢？然而在近视眼尚未治愈以前，我们还是很需要眼镜的。

第五，有人批评 ABA 是"没有灵魂"的方法。正如在后文的"延伸阅读"中将要讲到的，ABA 是以行为主义心理学作为理论基础的。有人批评这种心理学只关注人的外在行为，忘记了人是有思想、有感情、有灵魂的。必须承认，这种批评是非常中肯的，行为主义有时被称为"黑箱"理论，就是指它只关心看得到的外部行为，却把人的思想、感受放到一个看不到的黑箱子里，不予关注。在早期，很多行为主义心理学家都是用动物试验来推测人类的行为规律的，这种研究方法本身也反映着行为主义心理学的缺陷。在采用 ABA 进行教学时，的确存在着忽视孩子内心感受和情感的危险。但是，这个危险并不必然成为现实，只要我们在实际教育中，时刻提醒自己留心孩子的感受、情绪状态和内心渴求，完全可以把教学过程变成心灵的互动和交流。只要您时刻谨记细心、专心、耐心和用心，用这"四心"来指引自己，对 ABA "没有灵魂"的批评自然就不攻自破了。

另外，在当今各种教育方法相互借鉴融合的大趋势下，ABA 也开始重视儿童的内部心理特点和需要，比如它愈加强调适应孩子的感知觉和认知方式，在活动中关注孩子的需要，等等。本书将要介绍的一些"前提控制策略"以及情境教学的方法，就体现着这样的趋势。

无论上面的几点批评是源于 ABA 本身的问题，还是源于对它的误解和使用不当，都值得我们在教育中引以为戒，有则改之，无则加勉。不能否认的是，尽管经历了几十年的发展和自我完善，ABA 仍然存在很多不足。为了收到更好的效果，在教育过程中，我们应当放开眼界，大胆地吸取和借鉴其他各种方法。实际上，各种彼此迥异甚至基本理念相互背离的方法相互借鉴、吸取甚至融合，正是当今的一个大趋势。本书所介绍的方法以及所举的例子，其作用仅在于为您提供一个视角、一种思路。如果您读完本书后，能感到在考虑孩子的问题时多了一种选择，就算是本书最大的成功了。

【延伸阅读】 ABA 的前世和今生

自从演化成具有思考能力的动物，了解自己的心理、知道自己行为背后的内在根源，就成为人类孜孜探求的目标。但直到 19 世纪后期，心理学才脱离了泛泛的、抽象的哲学式想象，正式成为一门学科。最初，心理学家们研究心理的方法基本是靠"内省"，也就是通过让人反思、报告自己的内心体验，推测心理的结构和思考的过程，并期望从中总结出一些规律。这种完全依靠个人体验的研究方法，自然有很多局限之处，其中最突出的一点就是它不够客观，因此也就不够可信，难以揭示出人人都认可的规律性知识。另外，由于采用纯粹主观的方法，心理学研究也就没有了一定之规。有的心理学家漫无边际地揣测、臆想，把心理学几乎变成了一门猜想学科。20 世纪初，有一位名叫华生（John Watson）的心理学家抱着"拯救"心理学的愿望，大声疾呼："心理学需要改变了！"但如何改变？要变就要从根本变起——心理学要研究什么？要抛弃从前对所谓的"内部心理结构"的探究，把目光转向看得见、摸得着的东西上来。这种东西就是人的行为。华生认为，只有把注意力集中在可以观察到的外在行为上来，心理学才有可能走出臆想的泥潭，真正踏上科学的大道。他对人类的行为进行了深入的分析，最后得出结论：人类的全部行为都受到所生活的环境的影响，通过改变环境，可以改变人的几乎所有行为。心理学的任务就是探索人的行为如何受到环境影响，从而预测和控制人的行为。

华生的努力得到了众人的响应，很多人在他之后接过了他的衣钵并将其发扬光大，使这种以行为作为研究对象的做法逐渐成为心理学的一个重要流派——行为主义心理学派，并统治了心理学近半个世纪的时间。在这些继承者中有很多闻名于后世的人物，如桑代克、班杜拉等等，但其中最著名、成就最突出的则是斯金纳（B. F. Skinner）。他系统地发展了行为主义心理学，总结出了许多关于人类行为的基本规律，最基本的一条就是，人的行为受到行为后果的影响，也就是说，某个行为将来是否还会出现，取决于它会给人带来什么样的结果。比如，如果一个行为（如"喝水"）能带来让人感到舒服的结果（如"感到不再口渴了"），那么这种行为就还有可能再次出现。反之，这种行为就会减少，甚至不再出现。

在行为主义心理学家所发现的关于人类行为规律的基础上，发展出了一些用于改变行为的技术，这些技术被统称为"行为矫正技术"。顾名思义，它是用于矫正人的不良行为的，属于一种心理治疗方法。这种方法直到今天在医学、心理学领域都有很广泛的应用。和其他心理治疗方法相比，它具有一系列的特征：第一，它是实践取向的，即关注实际应用和实际效果；第二，它指向行为，只关注外在的行为表现，而不考虑或很少考虑行为的内部心理原因；第三，它要求对行为进行严密的观察和评估，提倡收集客观的数据，在对这些数据进行分析的基础上，决定具体的矫正方法和步骤。以上三个特征，简言之就是关注应用、针对行为、重视观察分析。基于此，行为矫正技术后来也被称为"应用行为分析"。

就其起源来讲，应用行为分析是一种治疗手段，而不是一种教育方法。但是它与教育却有着天然的联系——学生的学习也可以看作学生行为的改变——由不会做某件事到会做某件事，体现在外部其实就是行为的变化。所以，应用行为分析自诞生以来就具有成为一种教育方法的潜质。真正把这种潜质变为现实的是特殊教育工作者。在20世纪中期，他们首先将这门技术用在了孤独症儿童的教育干预中，最著名的就是美国的洛瓦斯（Ivar Lovaas）教授。他将应用行为分析技术凝练成一套教学方法（这套方法以"回合试验教学"之名而著称于世，尽管回合试验教学并非洛瓦斯方法的全部，同时回合试验教学也并不只包括洛瓦斯的方法），用在孤独症儿童的教育上，取得了不错的效果。在此后的几十年里，洛瓦斯教授所开发的方法推广到全世界，得到了非常广泛的应用。直到今天，这种方法仍然是孤独症儿童教育、康复的最主要方法之一。在几十年的推广和发展过程中，洛瓦斯对此不断进行改进，同时也有无数人对其加以改造、创新，或者和别的方法相整合，形成若干个新方法，使得应用行为分析在孤独症儿童教育中的应用呈现千姿百态的景象。也正是由于这种状况，人们对应用行为分析产生了千百种的理解。

第二章 ABA 的内核——行为

了解行为
——什么是行为

既然是应用行为分析（以下简称 ABA），顾名思义，它是用来分析和改变"行为"的，想了解什么是应用行为分析就要先从"行为"说起。在 ABA 中，"行为"这个概念和我们日常所说的"行为"不完全相同。为了更好地理解它，请注意如下三点。

第一，请扩展您头脑中的"行为"概念。

在 ABA 中，行为不仅包括看得见、听得着的动作、行动（例如说话、打球），还包括那些没有发生的动作、行动或状态。例如，对一个两个月大的孩子来说，我们可以说他/她"不会说话"，也可以说他/她还没有出现"言语行为"。很多时候，孩子的"性情"也可以分析成具体的行为。

小瞳今年 6 岁，被诊断为孤独症倾向，语言、认知、理解力等方面都表现不错，但最让家人头疼的就是他非常"刻板"。他的刻板表现在很多方面，而且一个刻板行为的养成特别容易：某一件事只要做过一次，第二次必须按照第一次的程序、方法去做，不然就不行。比如，一天奶奶从学校带小瞳回家，下公共汽车后在路边的主食铺里买了两张大饼。从第二天开始，每次放学从公共汽车下来，小瞳都要求奶奶买两张大饼。再如，一天在感统教室里，老师在下课前带小瞳在泡沫垫上跳了三下，此后，每天下课小瞳都必须要老师带自己跳三下才肯走出教室。

很多孩子都有类似小瞳的"刻板"行为，家长常常感觉这是一种"性格特征"甚至是"症状表现"，感到难以下手解决。其实，可以把小瞳的表现视为具体的行为，比如："下公共汽车要求奶奶买大饼"，"下感统课前要求老师带自己跳三下"，这样就可以有针对性地分析两种行为发生的前提和后果，进而找到解决的办法。我们和小瞳的老师一同进行分析，发现这两种行为都不是所谓的刻板行为，而是为了得到大人的注意而采取的故意行为。找到前提后，我们采用消退和教小瞳进行有效表达的办法，消退了这些行为。小瞳平时表现出的其他类似的"刻板行为"，大部分也通过这样的分析得到了改善。可见，将孩子的表现视为一个一个的具体行为，而非简单地将其归结为孤独症的症状表现，是十分重要和必要的。

实际上，我们可以把孩子的一切表现都理解为"行为"，大体上包括两种。一种就是"好行为"，包括一切我们希望看到的，比如：会打招呼，会和其他小朋友一起玩，会有效地表达，在适当的年龄掌握适当的算数、识字等学业技能，等等。另一种就是不好的行为，即"坏行为"。坏行为又可以有两种表现：行为过度和行为缺乏。所谓行为过度就是出现了不该有的行为，比如，看到自己喜欢的人，不分时间、场合又搂又抱，想吃薯片时大叫大嚷；所谓行为缺乏就是该有的行为没有出现，比如，被别人误解时不会解释，别人向自己打招呼时没有任何反应，等等。一切不良行为都是我们希望控制或改善的：过度的行为要减少，这就是"灭火"的任务；缺乏的行为要增加，这就是"爬楼梯"的任务。

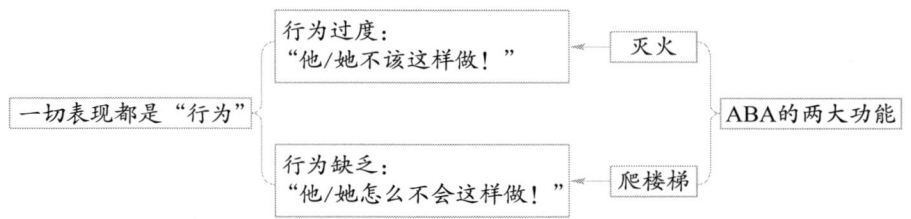

孩子不会和人有效地沟通，是一种行为不良的表现。假设，经过日常生活中的观察，我们发现他还没开始"蹦字"，那么就可以认为，他目前缺乏"准确发音"这个行为；或者我们发现他虽然会说许多词语，但在想吃薯片的时候却只会用大叫大嚷来表达，那么就可以认为，他"大叫大嚷"的行为过度，而缺乏"用语言提要求"这种行为。经过这样的分析后，教育任务就变得非常清楚了：带孩子爬"准确发音"这个楼梯，或者在灭"大叫大嚷"这个火的同时带孩子爬"用语言提要求"这个楼梯。

再比如，假设孩子很冷漠、不看人，可以认为他缺乏"目光对视"的行为。接下来的任务就是利用各种策略，帮孩子建立这种行为。

把希望改变的状况视为一个个需要增加或减少的行为，就可以把问题放到 ABA 方法的框架中来，方便地选取合适的策略和方法去处理它们，因为 ABA 的两大功能，正是教会我们如何"灭火"和"爬楼梯"。

第二，分析孩子的行为时，要尽量将其想得具体些。请记住：我们要分析的，是一个个行为，而不是一类行为。

请看下面的几组词，想一想哪些是"一个行为"，哪些是"一类行为"。

发脾气　拍墙　大声叫喊　摔东西　自伤　咬自己的手　打自己的头

只有针对单个的行为，才可能详细地分析这个行为的前因后果，从而找出其原因并对症下药。而对于某"一类"行为则不好进行具体的分析。比如"发脾气",就很难作出一致而准确的判别:到底怎么样算是发脾气?造成多大的动静可以看作孩子在发脾气?而如果将其考虑为拍墙、大声叫喊、摔东西等具体的行为,就很容易作出判别和观察了:有就有,没有就没有,这样才便于找到行为的具体原因。

专业人员在进行行为分析时,往往要先进行"行为定义",就是把要处理的问题分解为单个的行为,然后对这些行为作出详细、具体的界定。比如,将"自伤"分解为"咬手""打头"和"撞头"。其中,将"撞头"定义为:"儿童将头朝墙壁上用力撞击,力度足以造成疼痛感。"这么具体的定义会使接下来的观察记录、分析等步骤都更容易进行。

第三,也是最重要的一点,区分哪些行为是好行为,哪些行为是坏行为。我们要增加什么样的行为,减少什么样的行为。

这个问题似乎不难回答,但在不少家长身上都存在着误区。

一位妈妈在与另一位家长交谈,孩子在一旁独自玩耍,摆弄墙上的电灯开关。他不停地用手按,天花板上的吊灯也随之一亮一灭。孩子抬头看着闪烁的灯,按得更起劲了。妈妈很生气,一把把孩子拉到身边来,严厉地说:"以后不准乱动东西!"

一位妈妈在给6岁的儿子做训练。孩子似乎对学习的内容不感兴趣，眼睛总是看着别的地方，嘴里还一直不停地哼着昨天在广告里听到的歌，一会儿又重复上午妈妈和邻居交谈时说过的几句话。妈妈觉得他这样不停地说话也不错，也许能练练发音什么的，至少总比从不开口说话强，于是就不再继续训练了，任由孩子独自嘟嘟囔囔。

不说您也能想到，这都是反面的例子。那么，两位母亲的误区在哪里呢？

儿童在发育、发展过程中，要通过观察动作所引起的外部环境的变化来学习、理解事物。第一个例子中，按电灯开关实际上是一种探究环境的行为，但妈妈把这种恰当的探究行为当成了问题行为，不仅不予鼓励，反而进行压制，显然是不恰当的。自言自语不是正常的、积极的语言表达方式，很可能是在进行听觉上的自我刺激或是为了逃避训练。但在第二个例子中，妈妈却把这当成了好的行为，非但不加阻止，反而予以纵容。

请您仔细回忆一下自己平时对待孩子的态度、方法，会发现有一些地方正是由于没有正确区分"好行为"和"坏行为"而进行了不妥当的处理。因此，当我们面对孩子的问题时，首先要冷静地回答这个问题："这个行为到底是好还是坏？我要不要花费精力去减少它？"

那么，好行为和坏行为的标准到底是什么呢？在判断时，不妨问自己这样几个问题：

◇ 这个行为是否影响了孩子的日常生活？
◇ 这个行为是否干扰了他的学习？
◇ 这个行为是否给别人带来了严重的困扰？

利用这些标准,我们也可以对问题行为进行排序:对日常生活、学习干扰最大、给他人带来最严重困扰的行为,就作为首要解决的问题,其他的则依次排列。如此排序是为了将宝贵的时间和精力用在最需要的地方。

好行为 VS 坏行为

在日常的生活和教学中,头脑中应时刻保持一条红线,这条红线就是判断好行为和坏行为的标准。当孩子的表现逾越这条红线时,就拉响头脑中的警报器。

第四,我们为什么要消除坏行为?

问这个问题似乎很好笑,但事实上有的家长并未认真考虑过这个问题。他们说:因为坏行为显得很不正常,容易遭到其他人嘲笑,招来冷眼,当然要消除!这个理由似乎很对,但是,我们仅仅是为了摆脱尴尬才去消除坏行为吗?如果有一天别人不再嘲笑我们的孩子了,我们就不用去干预问题行为了吗?当然不是!从孩子自身发展的角度出发去考虑:帮助孩子消除问题行为的最终目的,不是为了避免尴尬和冷遇,而是为了让孩子能更好地学习好行为,更好地学会正常的生活、学习方式,能够逐渐为人所接纳,融入主流社会。因此,消除坏行为和增加好行为,是一个问题的两个方面,前者只是手段,后者才是最终的目的。

结束了对以上几个问题的讨论，我们继续解剖"行为"这个概念。还记得之前做过的比喻吗？ABA 的一个基本原理是："坏行为没有好果子吃，好行为才有好果子吃。"那么，孩子的行为是为了"吃果子"吗？对这个问题的回答是十分肯定的：是！孩子们表现出的任何行为，都必然有一定的功能，都是为了达到一定的目的。正所谓"无风不起浪，空穴不来风"，世上没有无缘无故的行为。许多年轻的妈妈在照料自己的婴儿时，经常为孩子的哭闹一筹莫展："我的孩子总是无缘无故地就哭了。"如果把孩子的哭当作"无缘无故"的事件，自然也就找不到解决的办法。而一个有经验的照料者面对哭闹的婴儿时，会从各个方面去试探原因：孩子饿了？渴了？没有睡好？在找到原因后，减少孩子的哭闹就不难了。曾有儿童心理学家专门对婴儿的哭闹做过研究，总结出三十多种常见的原因，并且发现由不同原因引起的哭声在音量、音频等方面都有各自的特点，比如，在身体不舒服时的哭声更尖细、急促，在想吃奶时音调更低，哭声更悠长。这充分证明了儿童的哭闹不是无缘由的。三十多种不同的哭声，儿童利用行为来达到目的的能力实在令人惊叹！

国际知名的行为矫正专业学术期刊《应用行为分析杂志》（*Journal of Applied Behavior Analysis*，*JABA*）曾在 2003 年发表过一篇文章，对当年世界上发表的数百篇行为分析报告进行了总结，发现：在这些文章所报告的五百多项行为（其中大部分是关于孤独症儿童的）中，能够明确分析出特定原因的占 95.9%。而其他 4.1% 的行为也并不意味着没有原因，只是没有分析出来而已。这进一步证明了：孩子的任何行为都是有原因、有功能的，都是为了达到特定的目的。请您思考以下两个孩子的行为背后可能的原因、功能，以及他们的行为是否受到强化。

平时很乖的陶乐，在家里很听爸爸、妈妈的话，但是陶乐总在家里来客人时提出一些要求，若得不到满足，就会大哭大闹。爸爸、妈妈不想当着客人的面拒绝他，就只好满足这些要求。渐渐地，爸爸、妈妈发现，陶乐在有客人来的时候会提出很多要求，而没有客人的时候从不提过分的要求。

京京与妈妈一起去商店，会缠着妈妈要这要那，妈妈没办法就给他买了；京京与爸爸一起去商店，缠着爸爸买东西，爸爸从不理会。从此，京京与妈妈一起的时候就会要这要那，与爸爸在一起的时候就不会闹着要买东西。

这两个孩子的行为都是为了让父母满足自己一定的要求。既然孩子的行为是有目的的，就意味着可以利用他们的目的来控制他们的行为。所以，当再次面临孩子的问题行为时，我们应该首先问自己："他为什么这样做？"

总的来说，一个行为的出现可能有两大方面的原因。在具体解释之前，先来分析几个例子。

小尼跌跌撞撞地跑进房间，脑门上还滴着未擦净的汗。妈妈脸上露出不满的表情："瞧你！又弄得脏兮兮的！是不是又和小萱去打球了？"小尼没有马上回答妈妈，而是大叫："哇！太好了，苹果！"一边叫一边抓起桌上的一个青苹果狠狠地咬了一大口。但他马上就为自己的性急后悔了，这是一个还没熟的苹果，又苦又涩。小尼好像被人打了一拳似的皱着眉头把苹果和被刺激出来的口水一起吐了出来，冲妈妈埋怨："怎么这么酸啊！"妈妈笑了："好苹果在果篮里，去吃吧。不过记得先把手脸洗干净哦！"很快，小尼洗好了手，从果篮里拿了一个红色的苹果吃了起来,果然又甜又多汁。他边吃边愉快地回答妈妈:"对,我刚才和小萱打球去了。"

好难吃的青苹果　　　　　　红苹果又香又甜

我们分析一下这个例子中"吃苹果"的具体行为。整个有关吃苹果的情景可以简化为:

有关青苹果:

小尼看到青苹果 → 吃青苹果 → 感到又酸又涩,极不舒服

有关红苹果:

果篮里有红苹果 → 吃红苹果 → 感觉香甜多汁,好吃又解渴

我们来试想一下,小尼今后再看到青苹果时,即使很渴,也不太可能抓起就吃了。也就是说:这次吃青苹果的不愉快经历,减少了他今后吃青苹果的行为。那么,他看到红苹果时,则会和对待青苹果的态度相反,很可能会饶有兴趣地咬上一口。这次吃红苹果的愉快经历,增加了他今后吃红苹果的行为,也可以说他吃红苹果的行为得到了"强化"。

吃苹果的例子蕴含了 ABA 的最基本原理,即"环境引发行为产生,行为后果的性质能改变该行为将来出现的频率"。有专家进一步提出了一个公式来总结这个原理,就是有名的"A-B-C"公式。A 表示"前提",B 表示"行为",C 表示行为产生的"后果"。在我们的眼睛被术语浓雾遮蔽之前,让我们驱散它——所谓"A-B-C"公式,说白了就是经常说的一句话:"如果吃到了好果子,就还想吃;如果没有吃到好果子,就不再吃了。"在吃苹果的例子里,青苹果、红苹果就是"前提",吃就是"行为",感到酸涩、感到甘甜就是"后果"。

请再来看下面的例子,进一步想想"果子"的味道怎样影响了"吃果子"的行为。

> 幼儿园小康老师说:"在幼儿园干这么多年,接了无数个孩子,哪个孩子刚入园的时候不哭几天?凡是那些妈妈特狠心,把孩子丢下就走的,孩子往往哭几次就不再哭了。反而是那些太心疼孩子的,一听见哭声就赶紧回来哄哄的,孩子哭得更厉害!"

——这是什么鬼论坛啊!发个帖子好几天没人理!
——那你还上这个论坛?去××论坛看看吧,人气旺得很,保证你一问问题马上就有人回答!

这种"行为-后果"的结合,很可能导致这个人再也不来这个论坛发帖子了。而对于另一个论坛,则是:

这种"行为-后果"的结合会使这个人以后更多地到这个论坛来发言。

对于"心软"妈妈的孩子——

换句话说，孩子哭的行为得到了他想要的"好果子"——妈妈回来了。于是，哭的行为增加了，即得到了"强化"。

对于"心狠"的妈妈的孩子——

孩子哭的行为没有达到目的，于是以后哭的行为逐渐减少了，再过几次就不再哭了。

通过上面的分析，我们又一次证明：ABA 的原理就是由一些常识所组成的，这些常识与"吃饱了不饿，穿厚了不冷"这些道理一样简单易懂。现在，让我们回到"他为什么这样做"这个问题上来。之前已经说过，一个行为出现可能有两大方面的原因。哪两大原因呢？相信您现在已经能回答这个问题了。

行为，受到：

◇ 当前看到的"果子"（也就是"所处环境"）的影响。

◇ 实际"吃到的果子"（也就是"行为后果"）的影响。

这就是两大原因：所处环境、行为后果。

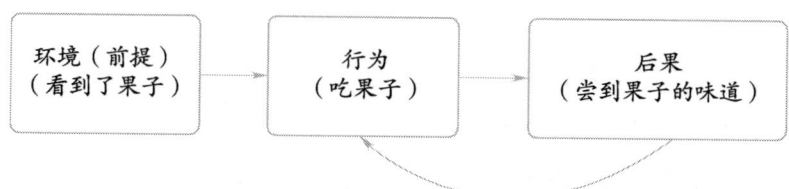

知道了行为出现的原因，我们就可以对症下药：既然行为受所处环境和行为后果的影响，那么处理行为当然要从这两个因素入手。通过改变行为所处的环境改变行为的策略，就是"前提控制策略"；通过改变行为后果来改变行为的策略，就是"后果控制策略"。这两方面的策略加起来，就是 ABA 所能教给我们的全部方法。

【延伸阅读】判断问题行为的标准

Zarkowska 和 Clements 于 1994 年提出如下几条标准：

* 就孩子的年龄和发展水平来说，该行为（或行为的严重程度）是不适当的

* 该行为可能对孩子或他人造成危险

* 该行为与社会规范不符

* 该行为会影响孩子学习新的技能，或限制孩子学习新技能的机会，从而导致孩子更加难以适应环境和社会

* 该行为给和孩子在一起的人造成了巨大的精神压力，严重影响了生活质量

O'Berien 在 1998 年提出如下几条标准，适用于学校环境中：

* 该行为阻碍了孩子参与学习活动

* 该行为会干扰其他孩子的学习

* 该行为就孩子的年龄和发展水平来说是不适当的

* 该行为导致孩子被孤立于其他孩子之外

* 该行为对孩子的独立性发展有消极影响

* 该行为会对学校的人力、物力资源造成损害，或任由该行为发展会消耗大量的人力、物力资源

* 该行为会使对孩子来说十分重要的成人不喜欢这个孩子

* 该行为会导致孩子产生消极的自我概念，降低自尊心

* 该行为限制了孩子学习新技能的机会

* 该行为可能给孩子、同伴和成人的环境带来危险

* 该行为可能损害学校和孩子家长（包括其他孩子家长）的关系

来源：*Effective practices for children with autism：educational and behavioral support interventions that work.* James K. Luiselli. New York：Oxford University Press，2008.

功能分析
——为什么他/她会有这些行为

我们说过，孩子的每个行为都有一定原因和目的，是为了"吃果子"。要想干预他们的行为，就必须首先了解他们想吃什么样的"果子"。怎么才能知道这一点呢？这就需要对行为进行"功能分析"①，即找出行为的原因——它是为了实现什么"功能"，达到什么目的。

要分析什么呢？前一部分已经谈过，行为受到当前环境的影响，还受到行为结果的影响。这实际上为"功能分析"提出了两个方向。

第一，分析行为的环境（即 A）——弄清楚"什么诱发了这个行为"。要考虑的因素既包括人物，也包括时间、地点和事件。

---

① 注：有关功能分析的相关内容参见《功能性行为评估及干预实用手册（第3版）》（*Functional Assessment and Program Development for Problem Behavior：A Practical Hand Book：3rd edition*），[美]罗伯特·E. 奥尼尔等著，陈更娟译，华夏出版社，2018年出版。

◇ 人物：该行为发生时谁在现场？
◇ 时间：该行为经常在什么时候出现？
◇ 地点：该行为经常在什么地点、什么场合出现？
◇ 事件：在行为发生之前有什么事情或活动发生？
    在行为出现之前，别的人说了什么或做了什么？
    在该行为出现之前孩子在做别的事情吗？
◇ 何时、何地、与谁在一起、在什么样的环境下该问题行为出现得最少？

第二，分析行为的结果（即 C）——弄清楚"这个行为要达到什么目的"。要考虑的因素具体包括：

◇ 行为出现后，孩子周围的人做了什么？
◇ 行为出现后，孩子得到了什么？
◇ 行为出现后，孩子有没有逃避或避免什么？
◇ 行为出现后，你对孩子的要求有没有变化？

分析以上内容的目的，就是搞清某个行为的来龙去脉，以便对症下药解决问题。

吃完晚饭，之源妈妈开始带之源来到他的小课桌前，打开《儿童画报》，想通过上面的小故事教之源学会和小伙伴打招呼。找到小故事后，妈妈就开始一边朗读一边讲解。可是，之源并没有把注意力放在故事书上，从一开始就东张西望。妈妈把故事读完后，要求之源复述一遍刚才的故事，这时之源开始拍打桌子，嘴里还发出"咕咕咕咕"的声音。妈妈有点生气，把之源的手按在桌子上，大声说："别嘟囔！"但这并没有让之源停止，他使劲想挣脱双手，并且大声地嘟囔起来。这样拉扯纠缠了好一会儿，妈妈感到很烦了，把书一甩说："不给你讲故事了！"然后就离开了。

以这个例子为基础，我们来回答一下行为功能分析所列出的问题。

◇ 人物：该行为发生时谁在现场？——妈妈

◇ 时间：该行为在什么时候出现？——晚饭后

◇ 地点：该行为在什么地点、什么场合出现？——在家里、之源的小课桌前

◇ 事件：在行为发生之前有什么事情或活动发生？——读故事

在行为出现之前，别的人说了什么或做了什么？——妈妈要求之源复述故事

在该行为出现之前孩子在做别的事情吗？——东张西望

◇ 何时、何地、与谁在一起、在什么样的环境下该问题行为出现得最少？——由于本例子是单独案例，这一点不清楚

◇ 行为出现后，孩子周围的人做了什么？——妈妈按住之源双手，训斥，放弃读故事的活动

◇ 行为出现后，孩子得到了什么？——没有得到什么

◇ 行为出现后，孩子逃避或避免了什么？——避免了复述故事

◇ 行为出现后，成人对孩子的要求有没有变化？——从要求复述故事，到放弃该要求

回答了上述问题之后，我们对之源"拍桌子、嘟囔"行为的前提、后果就有了初步的了解。

前提：晚饭后、读故事、被要求复述故事。

后果：被妈妈控制并发生小的身体冲突（控制—挣脱—纠缠）、被妈妈训斥、读故事的活动中止、复述故事的要求被取消。

根据上述各项的前提和后果，我们可以初步分析之源出现拍桌子、嘟囔行为的原因或目的。

◇ 可能原因一：吃完晚饭后有点困，晚饭吃得太多了肚子不舒服。

◇ 可能原因二：不喜欢妈妈读的这篇故事（因为里面有不喜欢的人

物；故事书上有不喜欢的颜色；不喜欢故事书的味道……）。

◇ 可能原因三：不想复述这篇故事（因为从前已经复述过很多遍了；复述这篇文章对之源来说太难了）。

◇ 可能原因四：喜欢和妈妈拉扯纠缠。

◇ 可能原因五：知道自己一哭妈妈就不再讲故事了

究竟是哪个原因呢？现在还不能得到肯定的答案，需要进行多次观察才能确定。很可能的情况是，之源是想通过这些行为来达到逃避学习活动的目的。由于这一次之源拍桌子、嘟囔的行为之后，妈妈取消了对他的要求，并且停止了学习活动。很不幸，这一次"得逞"的经历很可能会使他以后出现更多类似的行为。

上面这个例子相对来说较为简单，它只有一个场景，妈妈和之源的行为也较为单一。在日常生活中，我们遇到的情况可能更为复杂：孩子可能是多个问题行为同时出现，而且保持了相当长的时间；在很多时候和地点、场合下都发生过；在很多人面前都发生过，每个人对其采取的态度和方式都不一样……对于这样复杂的情况，我们需要更多次、更长时间的观察，必要时还应进行记录，以便于收集足够的信息进行总结和分析。有一些工具可以帮助我们更清楚、更系统地记录有关孩子行为的信息。

工具一：自己制作记录表

通过回忆，将与问题行为有关的情况进行总结，并一一列下来。将这些项目列在一张表上，记录时，在对应的空格里打"√"即可。这样既节约了时间，又能帮助自己整理思路。经过一段时间的记录，掌握了较多的信息后，就可以以该表为基础，总结分析孩子问题行为的原因和目的了。

时　间	9月12日 15:00	9月12日 19:20
地　点	家	家
行为发生之前 — 大人让孩子去做某件事情	√	√
孩子活动地点变化了		
孩子的活动被打断了		√
……		
行为发生之后 — 大人将注意力转移到孩子身上	√	√
给孩子某样东西	√	
收回对孩子的要求		√
……		

工具二：计分表

根据孤独症儿童出现问题行为最常见的几种原因（感官刺激、逃避、寻求注意、要求得到实物、不能忍受活动转换或等待），分别给出几道题目。比如，"感官刺激"项目包括如下问题：

◇ 如果儿童长时间独处，该行为会持续出现吗？

◇ 如果儿童长时间独处，该行为是否重复出现，并且表现一致？

◇ 在你看来，儿童是不是很喜欢从事该行为（即喜欢该行为给他带来的触觉、味觉、视觉和听觉刺激）。

◇ 当儿童从事该行为时，他是不是看起来很平静，对外界环境无反应？

"逃避"项目包括的问题有：

◇ 该行为出现在要求儿童从事一项困难的活动之后吗？

◇ 当你要求儿童做某事时，他是不是好像在通过该行为来扰乱、惹烦你？

◇ 当你停止对他的要求时，该行为是不是会在1到5分钟内消失？

在"不能忍受活动转换或等待"项目下给出如下问题：

◇ 当孩子等待做某件事时，该行为是否出现？

◇ 当孩子的活动内容、活动地点发生变化时，该行为是否出现？

根据回忆或观察，对每一道题目选择符合情况的答案。可以有七种回答："从不""几乎从不""很少""一半""经常""几乎总是""总是"。每个回答代表一个得分，越往后得分越高，如"从不"记为0分，"总是"记为6分。最后，将属于每个原因的四道问题的得分加起来并算出平均数。平均数最高的那项原因就是所分析的问题行为的最可能原因。需要注意的是，某个问题行为的原因可能不止一项。通过排序，能够把找到的原因排出重要次序来。

小D，男，2002年出生，于2004年被诊断为儿童孤独症，伴有轻度智力落后。该儿童身体发育正常，体重、身高甚至高于同龄儿童的平均水平，无肢体障碍，无重大身体疾病。除某些孤独症典型表现外，小D还表现出多种行为问题，其中最明显的就是摇头和自伤行为。而摇头最频繁，每天出现数十次甚至上百次，并且持续时间长，最长能连续五六分钟不停。当要求得不到满足或大人对其严厉时，会出现自伤行为，如击打自己的胸口、撞头等。

治疗小组与儿童家长谈话，然后基于前期的观察结果，最终确定了两个要矫正的目标行为，并将它们分别进行如下的定义：（a）摇头：连续两次或以上摇动头部，左右幅度超过九十度。（b）自伤：用拳头敲打胸口，或往桌子、墙壁等硬物上撞击头部（根据前期的观察，用拳头敲打胸口和撞头经常在同样的情境下发生，因此，将两个行为合并为一种，即"自伤"）。

确定目标行为后，对确定的目标行为进行功能分析。要分析的因素主要包括两大方面：行为发生前的背景，即"前提"；行为发生后的结果，即行为所实现的"功能"。功能分析主要采用家长访谈方法，采用结构化的"动机分析计分表"，询问家长有关行为出现前和出现后的事件。"动机分析量表"共包括十六个问题，分别针对"感官刺激""逃避""寻求注意""要求得到实物"四个孤独症儿童行为问题最为常见的原因设问。每个可能原因下设计四个问题，每个题目有七个选项："从不""几乎从不""很少""一半""经常""几乎总是""总是"，分别赋予0到6分。最后根据结果计算出四个得分，得分较高的原因可确定为行为功能。量表得分结果如下表所示：

行为	项目 / 得分	感官刺激	逃避	寻求注意	要求得到实物
摇头	总分	4	19	4	8
	平均分	1	4.75	1	2
	排序	3	1	3	2
自伤	总分	3	17	7	8
	平均分	0.75	4.25	1.75	2
	排序	4	1	3	2

根据各项所得分数，可以初步认定：小D的"摇头"和"自伤"两种行为的首要原因为"逃避"，其次为"要求得到实物"。

得出结论后，治疗小组又通过实地观察、访谈等方法总结出了这两种行为发生的具体前提。之后，根据这些分析结果，治疗小组有针对性地制定了干预的策略。通过三个月时间的实施，小D的这两种问题行为得到了极大的控制，发生的频率降低到几乎为零。

可以看出，使用这样的工具，对行为进行功能分析就会变得很容易。但工具终归只是工具，最终决定功能分析准确性的，还是能否提供准确、全面的信息。仔细的分析要建立在细致的观察之上。

功能分析可以通过直接观察进行，也可以通过间接访谈进行。如果您曾到医院咨询如何干预孩子的行为，医生很可能会问你很多关于该行为的问题，这就是在用访谈的形式收集功能分析所需要的信息。但最好的方式无疑是前一种，因为间接的访谈所能够得到的信息必然不如直接的观察细致、清晰、具体，而且很可能与事实存在偏差。这一点告诉我们，最有可能理解并解决孩子行为问题的，不是别人，只能是家长自己。所以当医生或老师告诉你，"你说的情况太不清楚具体了，我没法帮你解决这个行为问题"时，不要认为他们是在推卸责任。

有人把孤独症儿童的问题行为比喻为冰山一角：我们能看到的行为表现，只是浮于水面上的一小部分，问题的实质隐藏在水面以下。下面把孤独症儿童问题行为背后的常见原因列出来，供您在分析自己孩子的时候参考。请注意，这些原因都可以列在前文"工具一"记录表中作为可选的项目。

(1) 不会沟通

语言和沟通是孤独症儿童最明显的症状，他们由于缺乏语言沟通能力，不能有效地表达自己的要求和意愿。在要求得不到满足时，他们只好通过叫喊、哭闹等方式来表达。

(2) 缺乏某种技能

孤独症儿童除了在语言沟通方面存在不足外，在其他一些领域也有可能有缺陷，比如运动协调能力、认知能力等。当由于某些技能的缺乏导致孩子受到挫折时，也容易出现问题行为。

(3) 逃避

孩子通过哭闹甚至自伤等方式来逃避任务，是很常见的情况。之所以常见，是因为他们通过这种方式往往能达到逃避的目的。请回想一下，您有没有在孩子哭闹、发脾气时停止过对他的要求？

(4) 寻求注意

有的孩子在得不到大人的关注时，往往通过问题行为试图得到大人的注意。实际上，有的普通儿童也存在这样的情况。也许您曾经见到过，家长们专心聊天时，有的孩子会做出一些奇怪的举动，这时大人们便会停止聊天转头去训斥孩子。这使孩子成功地通过问题行为得到了大人的注意。

(5) 对环境不适应

行为的仪式化、刻板性是孤独症儿童的重要特点之一。他们往往对环境、程序的细微变化感到非常不适应。比如，有的孩子进到房间后，如果发现凳子被移动了位置就会哭闹、发脾气。有的孩子适应了一定的生活程序后，如果计划临时有变动也会出现问题行为。

(6) 寻求生理刺激

这就是所谓的"自我刺激"行为。比如，在眼前晃动双手的动作，大多数情况下就是他们在寻求视觉上的自我刺激，从中得到快感。再如一些孩子出现比较严重的自言自语现象，而且多发生在一个人独处、无事可干的时候，很可能也是一种听觉上的自我刺激行为。

（7）身体不适

这一点往往要么被忽视，要么被过于重视。有的家长尤其是爷爷、奶奶等隔辈的家长，看到孩子哭闹就习惯从身体上找原因，认为是孩子身体不舒服了，并马上给予无条件的抚慰。而懂得 ABA 原理的家长和专业人员，遇到孩子问题行为时往往第一反应是：他是在逃避？还是寻求注意？或是想得到某件东西？却忘记了从孩子生理上寻找原因。前一种做法有时会纵容孩子的问题行为，而后一种做法往往不考虑孩子的身体感受，显得过于机械，甚至残酷无情。这两者都是不可取的，我们在日常生活中要细心、敏感，尽可能全面地考虑。

通过功能分析找到了孩子行为的原因，也就知道了孩子想要吃什么"果子"，就可以通过控制这些"果子"来干预孩子的行为了。

强化物和强化策略
——拿什么来改变孩子的行为

强化物的概念和强化策略是 ABA 中最核心、最基本的内容，也是我们用好 ABA 必须深刻理解、灵活运用的。在所有其他策略中，都包含着强化策略的使用，所以我们把它放在其他策略之前介绍。

日常生活语言中的"强化"一词，往往表示增强、加固的意思。ABA 所讲的"强化"，内涵与此既相似又有所区别。在教科书里，强化物指"发生在行为之后，能提高该行为出现频率的事件"。简单地讲，任何可以使孩子行为增加的东西，都是强化物。它可以理解为我们手中的"果子"，通过控制它就可以使孩子达到我们的要求。

还记得之前举过的小尼吃苹果的例子吗？

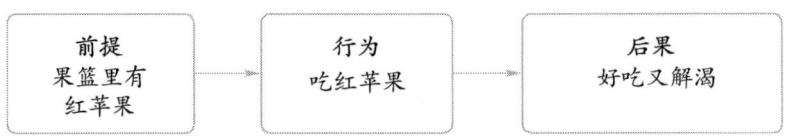

在这个例子中,"好吃又解渴"的感觉就是小尼的强化物,它强化了小尼吃红苹果的行为,使他今后见到红苹果还会愿意吃。而在另一个例子中:

这里,"妈妈回来"是"哭"这个行为的强化物,它强化了孩子"哭"的行为,这就是为什么小康老师会说:"反而是那些太心疼孩子的,一听见哭声就赶紧回来哄哄的,孩子哭得更厉害!"

通常,可以把孩子喜欢的事物当作强化物来使用,以增加特定行为出现的频率。比如,当孩子表现出一定的好行为时,就给他一个喜欢的东西,让他有愉快的感受,这会使他今后更多地表现出这种好行为。这个过程就称为"强化"。利用"强化物""强化"孩子的好行为是 ABA 最基本的策略。

在进一步介绍强化策略前,先来详细了解一下强化物。

强化物有不同的种类。在日常生活和教育训练中,您不妨从下面几种强化物中寻找可用的、适合自己孩子的。

(1) 物质强化物

顾名思义,物质强化物是指看得见、摸得着或者闻得见、听得着的东西。比如,孩子们通常喜欢的饮料、水果、饼干、奶酪、面包、花生、爆米花等,还包括他们喜欢的画片、香水、气球、玩具等等。前面那些被称为"初级强化物",即能够直接满足孩子生理需求的东西。与之对应的是"次级强化物",就是虽不能直接满足生理需要,但同样能使孩子产生满足感和快乐感的东西。

（2）社会性强化物

社会性强化是最常见的强化方式，有时也是最方便给予、效果最好的强化方式。一个会心的微笑、一句由衷的称赞、一个拥抱、一个大拇指，都可以使孩子体会到快乐的感觉，从而强化之前的行为。有时，大人的关注也是孩子想得到的社会性强化物。

（3）活动性强化物

一些孩子喜爱的活动也可以作为强化物使用。比如，挠痒痒这样的小互动游戏、玩电脑游戏、听音乐、散步、玩水、玩沙、画画、转圈等等。在孩子表现良好时，不妨多带孩子做做他喜爱的活动，这样既能起到强化的效果，又在活动中锻炼了其他方面的能力，还能培养和孩子之间的感情。

（4）代币强化

代币强化物与前面讲到的三种不同，它不是指具体的强化物，而是一种给予强化物的方式。日常生活中最常见的代币强化物就是钱。在孩子们的生活中，也经常可以见到代币强化的形式，比如在幼儿园中，老师常用"小红旗""五角星"奖励孩子，到周末时得到最多"小红旗""五角星"的孩子就会有更大的奖励。在儿童教育机构有许多灵活使用代币强化的例子，比如，有的老师发明了"小奖票"，每当孩子表现突出时，就发给他一定数量的小奖票，并且规定了这些奖票的"购买力"：5张奖票可以换1支铅笔，10张奖票可以换1块彩色橡皮，15张奖票可以换1个铅笔盒，30

张奖票可以换 1 辆小汽车……在家庭中也可以借鉴这种方式。比如，在上课时，每做对一次就给孩子 1 颗小珠子，并与他约定，每攒足 5 颗或 10 颗小珠子时，就可以得到想要的物品或活动。

在选择强化物时，要注意如下几个原则。

（1）要选择孩子真正喜欢的强化物

许多家长和教师都知道，"行为和兴趣不同于常人"是孤独症儿童的三大特征之一，但在教学和生活中却往往忽视了这一点。在选择强化物的时候，将自己的意志强加给孩子，主观地以为自己选择的东西自然是他们所喜欢的。实际上，大部分孩子喜欢的物品是和常人不同的。一块路上捡来的小纸片、一枚硬币、一根头发、一个塑料袋，都可能是孩子的心仪之物。另外，不同孩子之间是不一样的，一个孩子喜欢的物品，另一个孩子可能不喜欢。而且在不同的时间、地点，同一个孩子喜欢的东西也可能是不一样的。所以，选择强化物时不可想当然，要解放思想，善于观察，找出适合自己孩子的强化物。

也许有人会问，如果给孩子用十分怪异的物品作为强化物，是否会助长这种怪异的兴趣？对这一点的担心是可以理解的，我们当然希望孩子的行为越趋向"正常"越好。其实洛瓦斯教授从前也有类似的顾虑，非常反对将孩子喜欢的自我刺激行为（如转圈、摇晃脑袋等）作为强化物使用，但后来他的态度有所改变，不再对此明确表示反对（尽管仍不提倡），而是认为实在找不到合适的强化物时，可以使用自我刺激行为强化儿童（也就是当孩子做得好时，允许他有一点自我刺激的行为满足一下)。因为干预者首先要考虑的不是要消除怪异兴趣和行为，而是如何激励孩子的学习动机。如果没有好的强化物，孩子就不太可能投入到学习和训练中来，结果连最简单的技能都建立不起来，何谈"趋向正常"呢？

(2) 要选择孩子目前非常渴望得到的东西

当我们非常饿的时候，就愿意花费力气做饭，但如果已经很饱了，谁也不会主动下厨房（厨师除外）。孩子也是一样的。这告诉我们，使用强化物时要考虑孩子当时的状态。比如，如果正在教孩子"跳绳"这样一个耗费体力的活动，那么就不宜将他喜欢的"踢球"作为强化物——跳绳后很累时，踢球就不是享受而是负担了。同样，在孩子刚吃完午饭时，不要用食品作为强化物。这一点给我们的启示是：要灵活掌握"剥夺原则"。所谓"剥夺"，就是要创造孩子的生理或精神状态，使他渴望得到某种强化物。比如，如果我们想用饮料作为强化物，那么最好在学习之前不要给孩子喝饮料，创造孩子渴的状态，这样能够保证饮料的强化效果。当然，这种有失人道的办法，是不提倡使用的，只能在不得已时偶尔为之。

(3) 即使大量使用也不会对孩子的身体发育造成伤害

一些热量过高或含有有害物质的食物，作为经常使用的强化物就不太适当。如薯片、碳酸饮料，食用多了就对孩子的身体不好，应尽量避免将其作为强化物。

(4) 便于收回

在密集的教学过程中，在孩子消费一会儿强化物后，总要收回强化物好继续进行接下来的学习，所以强化物应该是便于收回的。比如，一串系有长绳的钥匙，如果可以作为强化物，使用前也

最好先把绳子解掉。同样的道理，口香糖是不适合在上课过程中作为强化物的，无论孩子有多么喜欢它。

(5) 不易通过其他途径获得

也就是说，孩子只有在完成某项要求之后，才可能获得。如果在生活中随处可以得到相同的强化物，那么在学习中这些强化物的效能就不强了。有的老师要求家长在家里最好不让孩子见到他们在学校里使用的强化物，就是基于这样的道理。

(6) 要便于收集、便宜

就是要掌握"经济"的原则。经常使用的强化物应当是生活中可以很方便地收集到的，而且不应花费过大。

(7) 不产生"竞争性"行为

也就是"一心不能二用"。试想一下，当你手把手地教孩子穿衣服时，如果用"奥特曼"当作强化物是不是合适呢？肯定不是，因为玩奥特曼和穿衣服都是需要用双手进行的活动，它们之间构成了"竞争"，就会互相干扰。

选择好了强化物，使用强化策略就有了基础和依托。简单讲，就是在孩子表现出好的行为时，通过给予强化物强化这种行为（让好行为有"好果子"吃）。

> 轩轩是一个好动的孩子，平时在家里基本上没有安静的时候，嘴里总是在叫喊着什么。轩轩很喜欢看电视，爸爸决定只有在他安静的时候才让他看一会儿电视。通过这种策略，逐渐地让轩轩养成了在家里保持安静的好习惯。

在"扬善抑弊，赏罚有度"这句话中，强化策略体现的是一个"赏"字。如何赏？度在哪里？有以下几点需要我们注意。

(1) 注意强化的强度

通常的概念是,强化的强度越高,强化的效果越好。这基本上是对的,但在学习过程中,无论从时间、经济、精力上都不允许无限度地提高强化物的强度。为了使有限的强化物在可能的范围内达到最佳的效果,要掌握"依从性原则"。也就是,让强化物的强度和孩子的表现挂起钩来,在二者间建立"依从性"关系——孩子的表现越好,得到的强化就越大,表现稍次,得到的强化就稍次,甚至得不到强化。而评判"好"的标准,应当以孩子自身以前的表现为参照,不可以其他孩子的表现为参照。

(2) 注意强化的时机

对于一项全新的技能来说,如果强化物能够紧随行为之后出现,强化效果是最好的。这告诉我们在教孩子学习新的内容时,强化物一定要给得及时,不可耽误。比如,一个从未叫过"爸爸"的孩子某天突然叫了一声"爸爸",为了保持他的这个行为,我们必须马上给予强化。不过,并不是在任何情况下都应马上给予强化。对于孩子已经掌握了的学习内容,强化物可以不必立即出现,甚至可以不出现。比如,对一个已经能熟练地叫出"爸爸"的孩子,就不必每当他叫时都立即给予强化了。

因此,一定要把握好给予强化物的时机,该快就快,不该快就慢。在学习新内容的时候,给强化物要快;在练习或复习已掌握的内容时,不必那么快。

(3) 注意差别强化物和贿赂

有的家长喜欢这样调动孩子的积极性:"只要你把这个做了,我就给你吃豌豆脆!"这不是强化,而是贿赂。贿赂虽然能暂时起到让孩子配合的目的,但长远来看,这种方式贻害无穷,它只会增长孩子对强化物的依赖,助长孩子和你讨价还价的行为。强化和贿赂最为重要的区别,在于贿赂出现在行为之前,强化则是发生在行为之后。

请记住,一定不要以贿赂的方式使用强化物,要让强化物变成孩子的惊喜。

苗苗的家长请小卫老师每天到家里来为苗苗做训练。小卫老师和苗苗接触的第一天就发现了一个问题：在要求苗苗做某件事情（比如模仿老师的动作、和老师一起整理教具箱）时，苗苗总是把目光投向老师的手，好像在寻找什么。小卫老师意识到她可能在寻找强化物。在问过苗苗妈妈后，小卫老师证实了自己的判断：从前苗苗的家长习惯于在苗苗提要求时，先出示她喜欢的薯片或电话卡，说："你只要做了……就给你！"长此以往，苗苗养成了在做事之前先"谈条件"的习惯，看不到自己喜爱的东西就拒绝配合。

为了帮苗苗改掉这个坏习惯，小卫老师想出了这样的办法：用自己制作的小红花代替薯片和电话卡，每天上课前告诉苗苗："如果你表现得好就可以得到小红花，表现越好小红花就越多。下课后你可以拿小红花来和老师交换薯片和电话卡，每五个小红花就可以得到两块薯片（或者一张电话卡）。"由于苗苗的语言理解力还不错，她很快理解了这个规则。在上课时，小卫老师对苗苗提要求之前并不出示小红花，而是在她答对问题或者做对事情后马上夸奖她并且立即给她一个小红花。而每当苗苗表现不好或试图和老师"谈条件"的时候，小卫老师就严肃地告诫她并且从她已经得到的小红花里拿走一朵。下课后，小卫老师会根据当天苗苗得到的小红花数量决定奖励的数量。

经过几天这样的练习，苗苗了解到只要自己听老师的话就一定能够得到奖励，反之就没有。逐渐地，苗苗在小卫老师的课堂上改掉了做事前先"谈条件"的习惯，学会了在得到强化物之前先忍耐一段时间。通过苗苗家长的配合和泛化，苗苗在家里的其他时间也不再和大人们"谈条件"了。

苗苗谈条件的坏习惯，是由于大人们经常采取"贿赂"的方式养成的。这样的习惯并不好去除，所以小卫老师采取了用小红花代替实物的办法，使苗苗不能直接看到强化物，从而增强了她的忍耐性。最重要的是，小卫老师在课堂上坚持了"先做事再出示并给予强化物"的原则，最终逐步消除了苗苗对强化物的依赖。在这个例子中，"小红花"是一种"代币强化"的形式（参见后文中关于代币强化的介绍）。

（4）注意强化程序

所谓强化程序，就是给予强化的频率、间隔，它可以分成四类。

	按好行为出现的次数强化	按时间强化
固定的	固定比率	固定时距
变化的	可变比率	可变时距

固定比率的强化是指好的行为每出现几次（可以是一次，也可以是两次或更多次）就给予强化。

可变比率的强化也按照好行为出现的次数来强化，但不那么固定，可能出现一次就强化，也可能出现三次、八次才强化。固定比率和可变比率的强化，是最常见的强化程序。固定时距的强化是按照时间间隔来决定强化的时机。

小黄是一个听话的孩子，在一对一的教学当中总是很配合很努力。可是一旦老师或妈妈不在身边时，他的表现就不那么好了——一会儿看看天花板，一会儿把收拾得整整齐齐的学习材料故意搞乱。为了让小黄养成独自学习的好习惯，妈妈决定采用强化的手段，她每天安排一段时间，让小黄独自一个人在房间学习。每隔两分钟，妈妈会进房间看一下，如果小黄是在认真学习，就给予夸赞和奖励。过了几天，妈妈发现小黄似乎掌握了这个规律，好像只在自己快要进屋查看的时候才将注意力转到学习上来。于是她调整了策略，改为不定时地进屋检查。这样小黄再也不能钻空子了。经过一段时间，小黄在独自一人的情况下也能安静地学习了。

这个例子里，妈妈头几天所采取的就是固定间隔（以两分钟为间隔）的强化程序，而之后则采取了可变时距的强化程序。

有研究表明，可变比率强化程序（可变比率和可变时距）比起固定的强化程序来（固定比率和固定时距），能更有效地维持一个行为。比如，在生活中最常见的可变比率强化的例子就是"老虎

机"：一个人正是因为不知道投币下注几次才能得到金光闪闪的回报才不停地投币。

（5）要适时淡出强化

在自然的状态中，并不是每做一件好事都能马上得到强化。为了让我们的孩子适应这样的世界，就必须减少强化。减少强化的方法有两种：第一种方法是减少强化的强度。比如，物质强化的强度：从开始的给一大片薯片，到后来给半片、四分之一片；代币强化的强度：从开始的给五颗五角星，到后来的给一颗五角星；社会性强化的强度：从开始的大声赞扬"太棒啦！！！"到后来的轻声说"嗯，不错"。第二种方法是减少强化的频率：从开始时每做对一次就给强化，到后来每做对三次才给予强化。或者是从固定的强化（每做对一次给强化）过渡到可变强化：有时做对三次给一次强化，有时五次给一次强化。

洛瓦斯曾说过"越是经济地使用强化物，它的效能才越大"，讲的就是要淡出强化的道理。

除了上述几点外，还需要注意一些容易陷入的误区或容易被人忽视的方面。

（1）强化是一个过程，而不是简单地把强化物塞给孩子

细心的读者可能已经注意到，本小节开头所引用的强化物的概念是："发生在行为之后，能提高该行为出现频率的事件。"按照习惯的理解，强化物似乎是指"物品"，而这里却将强化物定义为"事件"。这不是在做文字游戏，而是包含了非常重要的道理。

老师发现小A最近喜欢上了一个牙膏盒，于是让小A的妈妈从家里带了好些牙膏盒到学校里，准备作为强化物，在小A表现好的时候让他高兴高兴。但是过了两天，却发现效果不太好，小A似乎并不喜欢妈妈拿来的盒子。老师无奈之下只好将最初的那一个牙膏盒拿了回来，小A果然又对其爱不释手。通过观察，老师发现，原来小A喜欢这个牙膏盒，是因为这个盒子的开口处破了一个小洞，小A最喜欢做的是不停地用小手指捅进这个小洞，似乎在享受探秘的乐趣。而妈妈拿来的牙膏盒没有任何破损，小A当然不喜欢了。

在这个例子里面，小 A 的强化物不是牙膏盒，而是"用手指抠牙膏盒"这个行为，或称为"事件"。我们的强化过程不应仅仅是把某件强化物交给孩子即可，而应该保证孩子能够享受到"消费"强化物的过程。比如，有的孩子喜欢把积木一块一块地垒起来，那么只给他一块积木作为强化物显然是不适当的，应该创造条件使他能够以自己喜欢的方式玩积木，例如，可以每次给一块但不收回积木，让孩子可以逐步地把积木垒起来，享受这个过程。

（2）想方设法地强化孩子的内部动机

著名的教育心理学家奥苏伯尔曾提出，学习的动机主要由三个方面的内驱力组成：认知内驱力、自我提高内驱力和附属内驱力。认知内驱力是从好奇的倾向中派生出来的，是理解事物、掌握知识的心理渴望。这种内驱力是发自内心的，在没有外物强化时也会使学生产生强烈的学习动机。自我提高的内驱力，是指学生因自己的能力而赢得相应地位的需要。与认知内驱力不一样，它并非直接指向学习本身，而是把好的表现看作赢得一定地位和自尊心的根源。附属内驱力是指一个人想获得自己所附属的长者（如家长、教师）的赞许或认可，取得其赏识的欲望。上面三种内驱力中，认知内驱力是基于学习任务本身的，无需外部的附加条件，可以称为"内部动机"。研究表明，认知内驱力在学习中是一种最重要和最稳定的动机，它对学习起很大的推动作用。

在教育孩子的过程中，我们要注意内部动机的培养，即让孩子从完成任务的过程中体会到成功的喜悦、胜任的快乐。只有帮助孩子建立内部动机，他们才有可能适应将来学校集体学习、集体生活的环境，因为在这种环境中，是不可能在每次完成一项任务后都能得到及时的外部强化的。

奥苏伯尔指出，学生的认知内驱力并非天然就有，而是在学习过程中，由于多次获得成功，体验到满足需要的乐趣，逐渐巩固了最初的好奇心，从而形成、稳固下来的。成功的学习经验可以增强孩子的认知内驱力，而反过来，认知内驱力又对学习起推动作用。可见，认知内驱力和学习之间的关系是互惠的，内部动机可以在学习中逐步培养。

（3）多使用自然的强化

所谓自然的强化，就是指强化物与行为能自然关联。比如，一个人做了一盘好菜，此时对他自然的强化应该是让他吃这盘菜，或享受大家由衷的赞美，而不是给他一些钱，让他去外面的饭店买菜吃。比如，对于"拉开抽屉"或"拧开瓶盖"这两个学习内容，自然的强化应该是：在抽屉里放上孩子喜欢的糖果，或在瓶子里灌好孩子喜欢的饮料，让孩子完成动作后能自然地得到糖果和饮料，而不是从外面拿来糖果和饮料给孩子。再比如，如果要教孩子学习拿勺子舀饭，最自然的强化物应该是他舀到的饭。

越是自然的强化物，孩子越有可能在日常生活中遇到。如果我们在教学中多选择使用自然的强化物，让孩子适应、习惯这些强化，那么在日常生活中孩子再遇到这些强化物时也能同样起到强化的作用，也就是说自然的生活环境自动地强化了孩子。这不光能节省我们的精力，还能保证孩子得到的强化更加及时、充分。这能够很好地帮助孩子将学到的技能泛化到日常生活中去（参见第七章第二节的内容），所以在教孩子学习某项技能时，应当尽可能寻找自然的强化物。

请思考：如果想教孩子"认识颜色""翻书页"，怎么设计自然的强化物呢？可行的方法是用红色、绿色等各种颜色的糖豆教孩子认识颜色（如果孩子喜欢糖豆的话）；在书页上贴上孩子喜欢的人物或物品的图片。

（4）适当考虑负强化

强化有正强化和负强化之分。所谓正强化，是指在孩子做好一件事后，得到了一件喜爱的东西，从而起到了强化效果。而负强化则正好相反,是指在孩子做好一件事后,摆脱了一件他不喜欢甚至厌恶的东西。这同样能起到强化的作用。在之源的例子中,对于之源来说,发生了什么呢?

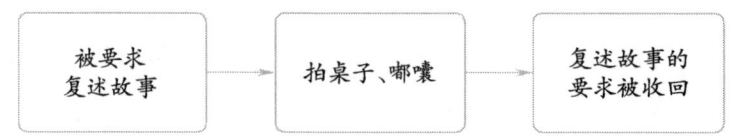

"复述故事的要求"对之源来说是一件厌恶的事,该要求被收回对他是能够起到强化作用的,它所强化的正是拍桌子和嘟囔的行为。所以我们说,之源这次得逞的经历,很可能会使他以后出现更多类似的行为。这就是典型的负强化的例子,只不过起到了不好的作用。但是只要运用得当,负强化也可以为我们所用,强化孩子的好行为。

在一项大小便训练方案中,有这样的一条策略:当孩子尿湿裤子后,不给他换掉裤子,而是马上进行如厕练习,练习结束之后再换裤子。这样一来,只要孩子配合完成了练习,就能够摆脱湿漉漉的裤子带给自己的不佳感觉。这是对他配合行为的很好的负强化。

强强很不喜欢教室里的音乐声,但是他在下课后必须将小椅子摆放好才可以走出教室。为了尽快摆脱令人讨厌的音乐,强强很快将小椅子摆放好,快速离开了教室。

这里,对音乐的摆脱就是一个负性的强化物,它增强了强强摆放小椅子的行为。

妈妈上午安排的任务是串珠子练习,这是精细动作技能不佳的小凌最不擅长的任务,所以做得很烦躁,好几次想逃离课桌,可妈妈就是不让他走。小凌很努力,但珠子就是不听话,总是从手里滑落下来。小凌急得没有办法,抬起头对妈妈说出了一句话:"不做了。"这是小凌第一次主动向妈妈表达"不要"之类的需求!妈妈很高兴,马上就说:"小凌说不做,那就不做了!"然后让小凌放下珠子,到一旁自己玩去了。

这个例子中,妈妈正是运用了负强化的方法,帮小凌摆脱了"串珠子"这个令小凌厌烦的学习活动,强化了小凌用语言表达"不要"的行为。

(5)多考虑使用代币强化的方式

前文讲过,和其他强化物相比,代币强化具有不可比拟的优点:首先,它可以使孩子的学习过程不会被不停消费强化物的过程所打断;其次,它可以培养孩子等待实际强化物的耐心;它还可以帮助孩子建立"交换"的概念。所以,对于有效的 ABA 方法来说,代币强化是不可或缺的一种强化方式。那么,如何使用代币强化呢?如果孩子不能理解代币、交换的概念怎么办?

其实不必担心孩子对代币的理解能力,经验表明,所有孩子都能很快明白自己得到的小红旗、五角星的用途——给出它们,就能得到自己更想要的东西。为了帮助孩子更好地理解代币的概念,可以在最初使用代币时,规定每一个代币都可以交换一件物品。每当孩子得到一个代币,马上手把手地教他把代币交给成人(可以是训练者,也可以是另一个人),然后得到自己喜欢的物品,重复几次这样的过程,孩子就能够理解代币的含义。之后,再逐渐将代币"贬值",规定每两个、每三个直到每五个、每十个代币交换一件物品。通过这样循序渐进的过程,让孩子习惯代币的使用。

实际上,代币不仅可以用来作为强化手段,还可以用于惩罚——如果孩子做错了某件事,就收回他的一个或多个代币。这种惩罚不直接从孩子那里剥夺实际物品，因而不容易引起孩子特别强烈的反抗，但却仍能起到惩罚的效果（参见第三章第六节的内容）。

代币也有很多种，除了小红旗、五角星外，卡片、小印章等等都是可选的方式，也可以利用表格等形式代表代币（参见第四章第三节的内容）。

【延伸阅读】负强化与惩罚的区别

由于都涉及了令人不愉快的感觉，所以许多人甚至一些专业人员都容易把负强化和惩罚弄混淆。实际上搞清楚二者的真正含义，区分它们并不难。最根本的一点是，惩罚是为了减少某种行为，而强化（不管是正强化还是负强化）是为了增加某种行为。目的不同，手段也就不同：惩罚是给人施加某种不快的感觉，而负强化则是帮人去除不快的感觉。

行为改变策略

帮您成为孩子的行为管理者

"强化策略"是ABA中最基础的一项策略，它在ABA里的地位就像练武功时的扎马步、打篮球时的投篮一样，是最基本的技术。只有灵活、熟练地使用强化策略，才有可能很好地使用其他策略。强化策略是通过控制行为的后果来改变行为的策略，属于ABA"后果控制策略"的一种。因此，第三章除对强化策略给予单独介绍外，还介绍了消退、惩罚、差别强化、塑造、刺激控制、串链等其他后果控制策略。其中，消退、惩罚旨在减少和消除不良行为；塑造、刺激控制、串链旨在增加良好行为；而差别强化既要减少不良行为，也要增加良好行为。第四章的前提控制策略主要是找到孩子出现问题行为的前提，改变他所处的环境，把这些前提消除掉或者控制住，从而防止问题行为出现。

第三章 后果控制策略

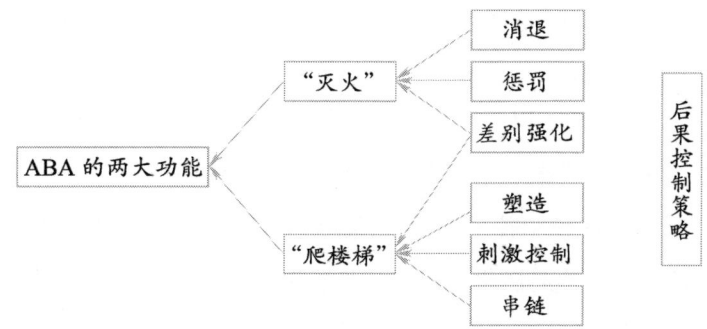

下面先简单地了解一下这几个策略的基本逻辑。

"坏行为没有好果子吃，好行为才有好果子吃"是后果控制策略的总体原则，而消退、惩罚、差别强化、塑造、刺激控制、串链等策略都是这一原则的具体应用，只是针对具体条件的不同而采取了不同的办法。那么，它们如何达到"灭火"或"爬楼梯"的目标呢？

▲ 目标："灭火"（减少"坏行为"）

基本原则：让"坏行为没有好果子吃"

◇ 办法1——消退策略：把"好果子"拿走。（去除坏行为的强化物）

◇ 办法2——惩罚策略：坏行为不但吃不到"好果子"，而且要吃到"坏果子"。（做出坏行为后不但不会有好的结果，反而会有令自己感到不舒服的结果）

◇ 办法3——差别强化策略：各个击破，让好行为有"好果子"，让坏行为没有"好果子"。（区分孩子的行为，对于好的行为就给予强化，不

好的行为则绝不强化）

▲ 目标：爬楼梯（增加"好行为"，增加孩子的技能）

基本原则：让"好行为有好果子吃"

◇ 办法1——刺激控制策略*：在成人的帮助下，让孩子表现出好行为、技能，然后就会有"好果子"。（先辅助孩子达到目标，然后慢慢减少辅助）

◇ 办法2——塑造策略：不等最终的好行为、技能出现，只要是表现出类似于或接近好行为、技能的行为，就有"好果子"。（一步一步地靠近目标，每一个进步都予以强化）

◇ 办法3——串链策略：把要学习的技能分解开来，一点一点地教给孩子。（搭个梯子扶孩子往最终目标前进，每上一个台阶都予以强化）

◇ 办法4——差别强化策略：让坏行为没有"好果子"的同时，让好的行为有"好果子"。（区分孩子的行为，不好的行为不予强化，对于好的行为则给予强化）

消退
——"把好果子拿走"

小方每天放学回家后都坚持在小区的操场上跑步锻炼。每次去跑步前，他总要在自家楼下的自动售货机上买一瓶水带在身上。每次投进2元钱然后按动按钮，就会有一瓶水自动弹出来。有一天，小方来到售货机前，投进2元钱，但这一次什么也没有发生。他又按动按钮，仍然没有水弹出来。他越来越使劲地按动按钮，甚至拍打机器，仍然没有得到想要的水。最后，他终于放弃了努力，空着

---

* 严格而言，刺激控制策略并不完全属于后果控制策略，因为它所改变的不完全是孩子行为的后果。本书将其纳入后果控制策略的部分加以介绍，是为了理解和行文上的方便。

手去了操场。接下来的几天里，他去跑步前都没有再去售货机上买水。又过了几天，他想重新试一试，结果又浪费了2元钱。从此以后，小方再也不去售货机上买水了，而是改为从家里带水去操场跑步。

这是一个典型的"消退"的实例。下面具体分析一下。

首先，在售货机能够正常使用时，小方的行为及其结果是这样的：

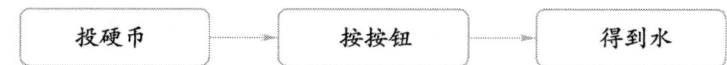

"得到水"就是"投硬币、按按钮"这一行为的"好果子"，正是由于这样做能够得到他想要的"好果子"，小方才会每次跑步前都进行这一行为。即该行为得到了强化，其强化物就是一瓶水。后来小方为什么不再有这一行为了呢？因为在某一天发生了这样的事：

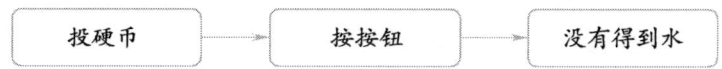

原本一直都有的"好果子"——水，现在没有了，这就是"投硬币、按按钮"行为消失的原因。撤去某行为的强化物，该行为就会减少，直至消失，这就是"消退"的基本原理。

简单来讲，消退策略的做法就是：找出孩子的问题行为所实现的功能，坚决不让该行为"得逞"，让孩子得不到从前靠问题行为得到的"好果子"。下面通过一个案例来认识一下实施消退策略的步骤。

每次上课前，依衡进教室门后总会先绕课桌走一圈，然后把自己的小书包挂在门后挂钩的第三个钩子上。带依衡的小邹老师很了解他的这个习惯，所以每次上课前都会检查一下门后的挂钩，确保第三个小钩子是空出来的。某一天小邹老师请了病假，由小黄老师代她上课。小邹老师将上课的内容、依衡的喜好等等都一五一十地交代给了小黄老师,唯独忘记了这个习惯。依衡上课前照例来到"预订"的衣钩前,却发现上面挂着老师的衣服。他试图把老师的衣服拿下来,但最后却使衣服领子和钩子缠在了一起。这让"常规"没有得到满足的依衡感到非常沮丧,叫嚷了起来,对接下来的学习也完全没有兴趣。小黄老师意识到了依衡的要求,帮助他把衣服挂到了想挂的衣钩上,但是依衡的情绪反应依然十分强烈。于是,小黄老师决定先休息一会儿,让他平静下来后再开始上课,他一边轻声细语地安抚依衡,一边拿出依衡最喜欢的小电话给他玩。看到小电话,依衡果然停止了叫嚷,玩了起来。两三分钟后他终于忘掉了刚才的不快,完全平静下来了。这时小黄老师觉得可以开始上课了,就拿走了依衡的小电话。没想到却激起了已经平静下来的依衡的巨大不满,他重新开始叫嚷,并且把摆在桌子上用来学习点数的小积木块一把全都推到了地上。小黄老师严厉地对着依衡说:"这样不对!"然后将积木捡起来重新摆在了桌子上。依衡看到小黄老师没有把小电话还给自己的意思,更加不满了,更大声地叫嚷起来,甚至开始拍打起桌子。小黄老师似乎没有看到依衡的激烈反应,很冷静地用坚定的声音说:"好了,现在我们开始上课了。"依衡哪里肯听,站了起来,试图离开座位去拿小电话,小黄老师一声不响地将他轻轻拉回座位上,重新说了一句:"开始上课。"

步骤一:确定要消退的行为

在上面的例子中,讲到了依衡的很多行为:绕课桌走一圈,把书包挂在第三个衣钩上,把老师的衣服从衣钩上往下拿,叫嚷,玩小电话,拍打桌子,离开座位。在这些行为中,哪些是需要消退的问题行为呢?

绕课桌走、必须把书包挂在特定的衣钩上,这两个行为是典型的刻板行为，即没有实际意义和价值的仪式化的举动。对这一刻板行为的执着要求，是依衡最初叫嚷、不肯好好上课的起因。这两个行为是否要消退呢？我们的答案是，并不需要，至少不是目前最为迫切要消退的。所谓仪式化、程式化的刻板行为在孤独症儿童中极为常见，这种行为似乎有其生理原因，并不是很容易就能矫正的。如果将这些行为作为消退的目标，很容易遭到失败。另一个更重要的原因是，这些行为并未真正影响到孩子的学习和生活，或者说只需我们事先有所准备（比如，小黄老师将第三个衣钩上的物品事先清理好），完全可以避免由于刻板行为没有得到满足而引起的情绪或行为问题。由于小黄老师不理解依衡的特定习惯而导致他出现了情绪的波动，这时应该想办法安抚他，使他的情绪平静下来。如果采取强硬的措施，反而可能适得其反，引发更多的问题行为。

第二次叫嚷、拍打桌子、离开座位，很明显也属于问题行为，是否要消退呢？答案是肯定的。因为它们影响到了接下来的学习，而且依衡是想利用这种不适当的方式达到他特定的目的（下文将具体分析其目的）。

总之，对什么行为可以容忍，对什么行为必须加以消退，是实施消退策略首先要考虑的。前文曾提到判断"好行为"和"坏行为"的标准——"这个行为是否影响了孩子的日常生活？是否干扰了他的学习？是否给别人带来了严重的困扰？"也可以成为参考。

步骤二：进行行为分析，找出强化物（即该行为实现的功能）

依衡的第二次叫嚷、拍桌子和离开座位的行为，很显然是由于小黄老师拿走他的小电话而引起的。可以推断引起这些行为的两个原因：他想继续玩小电话；他不想开始上课。套用"前提—行为—后果"的公式，可以表示为下图：

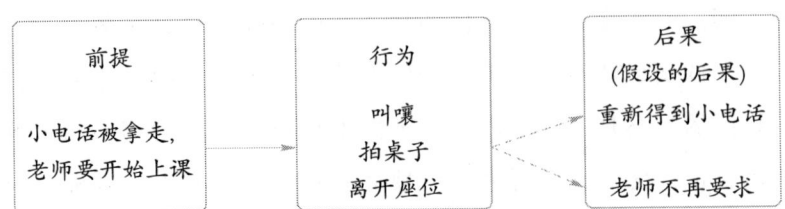

很明显，这里"叫嚷、拍桌子、离开座位"所要实现的功能是"重新得到小电话""不上课"。试想，如果小黄老师没有坚持，满足了这两项要求，那么实际上就是使依衡叫嚷、拍桌子、离开座位的行为得到了强化，很可能的后果就是，依衡学会了用这些行为方式达到玩小电话、不上课的目的，以后出现更多类似的行为。

步骤三：撤除该强化物（即找出该行为实现的功能，不让它"得逞"）

依衡出现了问题行为后，小黄老师采取的措施是不予理睬、给予及时的制止。最关键的一点是，他既没有把小电话重新还给依衡，也没有取消上课的要求。这就断绝了问题行为得到"好果子"的希望，从而抑制了问题行为。

关于撤除强化物，有以下三点需要特别注意。

首先，必须通过认真的观察和分析，找准问题行为的潜在强化物，切不可想当然地盲目消退。比如，不少老师和家长常常认为孩子的问题行为是为了得到大人的关注，也就是说"大人的注意"是问题行为的强化物。有的情况下这是事实，但并不是所有情况下都是。因此，撤除大人注意，绝非适用于所有问题行为。许多人错把"消退策略"当成了"忽视策略"，凡是遇到问题行为，一概采取忽视的办法。结果，大人的不管不

问反而增加了问题行为出现的频率。

豆豆最近老爱用大拇指去磕自己的牙,频率越来越高,力度也越来越大,他的两颗门牙都被自己磕松动了。妈妈感到很不解,就把这个情况反映给了小孙老师。小孙老师刚刚参加了应用行为分析的培训,学习了消退策略,于是提出了解决的办法:忽视。按照这个办法,妈妈对豆豆磕牙的行为一概采取不管不问甚至连看都不看一眼的办法。但过了几天,她发现这个行为非但没有减少,反而加剧了。

小孙老师的错误就在于将"消退"策略不加区别地等同为"忽视"策略:一旦遇到问题行为,就去忽视孩子(不给予注意)。这个错误的根源在于没有事先好好分析问题行为的原因,而是把所有问题行为都当成孩子在寻求大人注意的手段,于是武断地撤去"注意力"这个可能但并非是真正强化物的"强化物"。事实上,豆豆磕牙的行为,可能的原因有很多种,比如为了寻求感觉刺激,为了逃避学习任务,等等。找错了原因,策略不对,当然收不到好的效果了。

其次,有的时候我们会发现,某些问题行为的强化物是难以撤除的。比如,通过分析可以发现,孩子喜欢往墙上撞自己的头,可能是因为头部被撞击时能够体验到某种"快感";孩子在眼前晃手,可能只是为了获取让自己感觉良好的视觉刺激;孩子自言自语,可能是为了获取令自己感到愉快的听觉刺激。以上这些"自我刺激行为"的强化物是内在的感觉,无法简单地予以撤除。对于撞头,可以通过物理方法解决,比如给孩子戴上头盔,让孩子待在不容易撞墙的地方。有一些行为无法简单处理,如晃手、自言自语等,因此,消退策略是难以实施的(其他方法参见第四章)。

最后，有时简单地消退强化物可能给孩子或他人造成危险，不可盲目进行。比如，一个三岁男孩往大街上跑，边跑边回头逗他的妈妈。很显然，这个男孩是为了引起妈妈的注意，妈妈越是注意他、表现出紧张的表情、大声呵斥他，他就会跑得越欢。由于行人和汽车会给孩子带来一定的危险，因此，不能简单地撤去"妈妈的注意"这个强化物，此时，迅速将他带离危险境地才是更好的办法。

步骤四：教孩子学习能够实现同样功能的好行为

在"了解行为"中，我们讲过，消除问题行为的最终目的是让孩子能更好地学习好行为，更好地学会正常的生活、学习方式，能够逐渐为人所接纳，融入主流社会。消除坏行为和增加好行为，是一个问题的两个方面，前者只是手段，后者才是最终的目的。因此，在实施消退策略时，必须考虑如何教孩子以正确、适当的方式达到其想达到的目的。

小岩是个无语言的孩子，当他想吃喜欢的薯片时，就冲着妈妈经常放薯片的位置叫喊。这似乎已经成了他表达想吃薯片的最佳方式，因为只要他一叫喊，妈妈就会马上把薯片给他。

请您亲自来分析一下这个例子，并将下面的空格补全：

行为	强化物
叫喊	

如果想减少直至消除小岩叫喊的行为，应该怎么办？显然，应该坚持

不给他薯片。不过，要想彻底消除小岩通过叫喊表达要求的行为，仅仅去除薯片这个强化物还是不够的。只有教会他使用正确的方式表达想吃薯片的要求，才能达到标本兼治的目的，从根本上消除问题行为。

再来看"功能分析"一节中之源的例子：当妈妈要求之源学习时，他大哭大闹表示反对，直到哭得妈妈心烦意乱，放弃了这次学习。用"前提—行为—后果"的公式分析起来是这样的：

这是一个负强化的例子，即"要求学习"这个令之源感到不快的东西被清除了，从而给哭闹的行为带来了强化的效果。无论对于正强化还是负强化，消退策略的实施办法都是一样的，即撤去强化。对于之源来讲，就是不撤回学习要求，坚持让之源学习。仔细回想一下，在生活中也许您曾无意间用这样的负强化方式（如撤除对孩子的要求）强化了孩子的问题行为，现在要消退它，就须反其道而行之。

在实施消退的过程中，必须注意两种可能出现的情况："消退爆发"和"自发恢复"。

所谓"消退爆发"，就是指一旦某个行为得不到强化，它就会在短期内变得更加厉害。前面所举小方买水的例子：那一天小方投硬币、按按钮后没有得到水，于是就"越来越使劲地按动按钮，甚至拍打机器"。依衡的例子中，在小电话被拿走后，他的行为从一开始的叫嚷，到后来拍打桌子逐步升级，这都是消退爆发的表现。平常总能等得到的好结果突然消失时，任何人都不会就此善罢甘休，一定会多试几次，直到变得恼怒，做出更为激烈的举动。对于孩子来说也是一样的，在问题行为遭到"撤除强化物"的处理后，他们很可能会以"问题升级"作为抗争。在执行消退策略前，一定要对此有心理准备，在孩子出现消退爆发情况时，要做到不急不躁，沉着冷静，恰当应对。

"自发恢复"是指行为可能会在停止一段时间以后再次发生。在小方的例子里，我们同样可以看到这个情况："又过了几天，他想重新试一试，结果又浪费了2元钱。"自发恢复的现象在实施消退策略的过程中是很常见的，所以在一段时间后如果发现孩子的问题行为重新出现了，不必惊慌，也不必怀疑消退的效果。研究表明，如果自发恢复时，行为又一次得到强化，那么消退将失去效果。在小方的例子中，如果他几天后使用售货机时又买到了水，那么，他以后还是会选择在售货机上买水。相反，如果在自发恢复时，行为依然没有得到强化，那么该行为才可能不再出现，直至彻底消失。这才带来了"从此以后，小方再也不去售货机上买水了，而是改为从家里带水"的结果。

在实施消退策略时，一定要做到"人人消退，时时消退"，家人、老师以及所有能够接触到孩子的人，做到统一协调、一以贯之，绝不可"一个扮黑脸，一个扮白脸"，你消退我不消退，今天消退明天不消退，这样只能收到适得其反的效果。"一个扮黑脸，一个扮白脸"的做法，实际上是以可变时距的强化程序，以更强的效果强化了问题行为。您不妨回顾一下"强化物和强化策略"一节中的有关内容，思考一下这个道理。

最后请思考下面的例子：小奇有没有需要消退的问题行为？如果有的话，是什么问题行为？它的强化物是什么？如何采用消退策略处理该问题行为？在消退该问题行为时，应该同时教会小奇什么技能，才能更好地促进消退的效果？如何保持这一消退效果？这些问题是在我们面临任何问题行为时都应仔细考虑的。

小奇的父母住在外地，所以小奇从小由爷爷、奶奶带大。爷爷、奶奶非常疼爱小奇，总会想办法满足他的任何要求。比如，每次从公园回家时，小奇都不愿意走路，一直都要爷爷背着。当爷爷累了想让他自己走的时候，他就会坐在地上大哭大闹，最终爷爷、奶奶拗不过他，就只好一直背着他。

【延伸阅读】及时强化，避免消退

消退的原理从一个侧面告诉我们对孩子的好行为及时进行强化的重要性。如果没有得到及时强化，孩子的好行为反而可能因此被消退了。

某个调皮学生，有一天花了很长时间把教室里横七竖八的卫生工具进行了整理，整齐地放在一边。结果，老师点名表扬了另外一名学生。下课后，班长告诉了老师实情，老师却怀疑地说："你是不是看错了，或者记错了，不可能是他吧？"即使事情得到了证实，老师还是没有表扬那个调皮的学生。

在上小学后，几乎所有的学校都进行文明礼貌教育，包括教育孩子在早晨上学前和父母说"爸爸、妈妈再见"，放学回家时在门口喊"爸爸、妈妈我回来了"。但是，有些父母根本不注意对孩子进行文明礼貌习惯的培养，在孩子说"爸爸、妈妈我回来了"和"爸爸、妈妈再见"时没有任何反应。

在这两个例子中，孩子"打扫卫生"和"打招呼"这些好行为都没有得到及时强化，在今后很可能不会再出现了，至少出现的次数会下降。

差别强化
——"好行为有好果子吃,坏行为没有"

前面已经对差别强化的策略做了总结:"区分孩子的行为,该强化的要强化,不该强化的不强化。"可见,差别强化实际上包括了两个方面,既消退问题行为,又强化好的行为。消除坏行为仅仅是手段和途径,增加好行为才是最终目的。差别强化策略就很好地体现了这个原则。

6岁的小萌是个有孤独症的女孩,不会用语言表达。爸爸、妈妈非常疼爱她,每当小萌表现出不舒服时,总会想方设法地哄她高兴起来。有父母的疼爱真是件幸福的事,可是不幸的是,小萌也因此养成了用哭叫的方式表达要求的不良习惯:每当她想喝喜欢的酸酸乳或者想玩喜欢的塑料雪花片的时候,就开始大声哭叫,这时,爸爸、妈妈就会依次把她喜欢的东西拿来让她挑选,直到选中满意的东西停止哭叫为止。偶尔,小萌心情好的时候,也会用手去指她想要的酸酸乳或雪花片,这样爸爸、妈妈不用挨个尝试就会马上把酸酸乳或雪花片拿到她的面前来。

小萌妈妈想改掉小萌的这个坏习惯,于是向刘老师咨询。刘老师告诉小萌妈妈,要想改变小萌的习惯,必须先改变大人的习惯。要采取不同的方式应对小萌的哭叫才有可能成功,甚至可以以此为基础,教会小萌用适当的手势表达需求。他要求小萌妈妈和所有家人沟通,共同做好以下两件事：第一，以后每当小萌哭叫时，所有人都不能满足她的任何要求，无论她哭叫得多厉害都坚决不满足。当然，前提是先确定小萌不是由于身体不舒服等原因而哭闹。第二，当小萌偶尔用手指想要的东西时，要马上作出反应，立即把她所指的东西给她，并且用夸张的语气夸奖她。

小萌妈妈回家之后，马上和家人进行了沟通，统一了想法，决定大家共同尝试一下这个办法。在坚持了三个星期，经历了无数次痛苦的忍耐后，他们的努力终于收到了效果。小萌终于明白了：哭叫不再能为自己带来满意的结果，用手去指是最有效的表达办法。于是，她的哭叫行为显著地减少了，而用手势表达意愿的习惯逐渐建立了起来。

上面这个例子就是成功运用差别强化策略的实例，我们可以看到，它的运用实际上包括了两个步骤，就是刘老师提出的两点建议："每当小萌哭叫时，所有人都不许满足她的任何要求""当小萌偶尔用手指想要的东西时，要马上作出反应，立即把她所指的东西给她，并且用夸张的语气夸奖她"。综合起来看，第一点建议是在实施"消退"策略，而第二点建议则是在运用"强化"的策略。

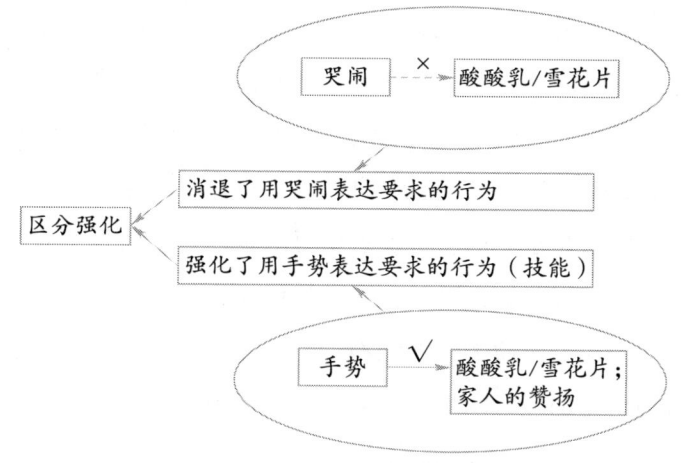

就像上图所示，差别强化实际上可以简单地看成"消退"+"强化"的二合一，当然在具体的实施过程中不会像做加法一样简单。下面我们就继续以上面的例子为基础，分析需要考虑的事项。

由于首先要对问题行为实施消退，所以上一节提到的实施消退时要注意的问题，在此时依然全部适用，包括：确定要消退的行为，认真分析该行为找出其强化物，注意"消退爆发"和"自发恢复"现象并对此做好充分准备等。在小萌的例子中，由于她的哭叫行为非常典型，只在有所需求时才出现，所以她妈妈找到刘老师之前，已经知道了"哭叫行为"的强化物——喜欢的酸酸乳或雪花片，小萌是在用哭叫行为实现表达需求的功能。小萌妈妈实际上已经对哭叫行为成功地进行了功能分析，这是刘老师的建议发挥作用的前提条件。可以想见，最初小萌的父母采取消退对待小萌哭叫行为的时候，小萌的反应肯定有所升级，有可能哭叫得更厉害，甚至可能出现伤人、自伤的情况，这正是"消退爆发"的表现。而正是她父母对此做好了心理准备，依然坚持消退，才为最终的成功打下了基础。

刘老师的第二点建议是强化小萌用手势表达需求的行为。实施这个建议的前提是：小萌从前曾经表现出这个行为。也就是说，只有小萌曾经出现过这个行为，她的爸爸、妈妈才有机会发现并且进行即时的强化。另外，对这个要强化的行为也需要确定它的强化物。套用之前的比喻：必须知道孩子想吃什么"果子"，才能通过控制这个果子增加孩子的好行为。对于小萌来说，她的妈妈已经非常明确，酸酸乳或雪花片一定是有效的强化物，因为它们正是小萌用手指表示想要的东西。这启发了我们，在实施强化时，要消退的强化物，同时也可以当作要强化的强化物。比如，消退小萌的哭叫行为时，所撤去的强化物——酸酸乳、雪花片，和强化小萌的正确表达行为所用的强化物是相同的。换句话说，要教孩子学会用好的方式代替不好的方式，实现同样的功能。

儿童心理学的研究发现，世界各地的儿童在刚出生时发出的音基本都是相同的，无论母语是汉语、英语还是西班牙语、非洲部落语言。但是对于这些婴儿音节，各地父母的反应却是不一样的。在中国，爸爸、妈妈在听到符合汉语音节的音时，往往比听到非汉语音节时更加兴奋，逗弄他们、鼓励他们重复刚发出的音，这时他们的兴奋就是对婴儿的积极反馈。同样，任何国家的父母在听到符合自己本国母语的音节时，都会给予更积极的反应。长此以往，符合母语的音节就被强化而固定下来，而非母语音节则由于消退作用被遗忘。世界各地的婴儿都是这样学习母语的，通过这样循序渐进的过程，他们逐渐变得对母语的音节十分敏感，对非母语音节失去听力敏感性（这也导致了成人学习外语时的困难）。这其实就是差别强化策略在起作用。

以上所介绍的是差别强化策略的一种，实际上可以使用该策略的情况有许多，使用它时可以根据具体条件和要求的不同，采取不同的办法。差别强化策略的实施一般包括三种方式。

（1）消退坏行为，强化实现相同功能的好行为

小萌的例子就属此类。"哭叫"和"用手指指"这两个行为，一好一坏，实现的都是同样的功能："表达'想要××'的愿望。"通过实施差别强化，消退坏行为使小萌戒除了坏习惯，并学会了用好的方式达到相同的目的。

请看下面的例子，请您给小阳的奶奶提出建议，告诉她应该如何减少小阳的不礼貌行为。

小阳的奶奶带着他出门散步，在村口遇到了相熟的邻居，就饶有兴趣地和他们聊了起来。小阳百无聊赖，玩起了沙土。不一会儿，他用沙土搭了一幢小房子，然后转过头兴奋地喊："奶奶，你看！"可是奶奶却根本没有注意或者没有任何反应，于是小阳提高了嗓门，并且

拉长了音调,再次喊:"奶奶,你看——!"奶奶注意到了沙土小房子,但仅仅是口头应承一下,头也不扭地"唉"了一声了事。小阳非常不满意,把挖土的铲子一扔,气冲冲地走到奶奶面前,厉声说:"别聊啦!"并狠狠地推了奶奶一下。奶奶这时才反应过来,忙不迭地夸孩子:"做得好,真棒!"

请思考这些问题:要消退的坏行为是什么?这个坏行为的强化物是什么?应该怎么消退坏行为?要强化的好行为是什么?应该如何强化好行为?

(2)消退坏行为,强化"不做坏行为"的行为

听起来有些拗口,实际上可以理解为:只要坏行为在一段时间内不出现就给予强化。这种差别强化的方式在处理一些持续出现的行为,以及培养孩子的自我管理能力时十分有效。

小筑是个很乖、很安静的孩子,很少有发脾气这样激烈的行为,并且在生活和学习中都能够听家人和老师的话。可是他有个不好的习惯——自言自语。当他自己玩的时候,总是会嘴巴里嘟囔着前些天听到过的某段歌曲或妈妈讲过的故事里的某句话。当妈妈接着他的歌或话,试图和他对话的时候,他却马上不吭声了。小筑的自言自语太过频繁了,妈妈觉得这个行为已经影响到了他的生活和学习,于是决定想办法减少它。

可以采取如下的步骤,用差别强化策略减少小筑的自言自语。

(1)消退

在消退之前,要先确定问题行为——"自言自语"。一定要弄清楚:哪些是要消除的自言自语?哪些话是好的、有积极意义的?这非常重要。

如果不能清楚地界定，就会把小筑有积极意义的言语当作不良表现一起消除了。

通过观察发现，小筑的自言自语基本是一种"自娱自乐"的行为，通过这种自我的听觉刺激，他可以体验到愉快的感觉。这种愉快的感觉就是自言自语行为的强化物。如何消除这个强化物呢？要想切断"自言自语"行为和"听觉刺激"这个后果之间的联系是很难的，我们总不能暂时阻断小筑的听觉神经吧。因此，严格意义上的消退难以应用于这个例子。只能在小筑出现自言自语的行为时，及时地制止他，并用其他感兴趣的事情吸引他的注意力。

（2）强化

前面说过，要强化的是"不做坏行为"的行为。对小筑来说，就是要在他不自言自语时给予强化。由于自言自语本身对小筑来说就能带来"听觉刺激"这一强化物，要想让他放弃自言自语，就必须使用比"听觉刺激"更有吸引力的强化物。通过了解，我们发现，小筑有一件非常喜欢的东西——玩具小汽车，他喜欢听小汽车的车轮转动时发出的嘶嘶声。每当听到这个声音时，他总能停止自言自语。这说明，玩具小汽车发出的嘶嘶声，比小筑通过自言自语得到的听觉刺激更具有吸引力。虽然小筑喜欢的嘶嘶声也属于一种听觉刺激，但比起自言自语要更正常、适当一些。并且玩具小汽车可以由大人控制，想收回时能够收回，所以我们将其确定为强化物。

强化物选择好了，如何进行强化呢？要注意我们现在要强化的不是某一个看得见、摸得着的行为，而是"不出现坏行为"。首先，要确定一个标准——多长时间不出现坏行为才给予强化？这个时限应当根据小筑的原有表现确定——如果他之前只能自己安静2分钟，那么就可以确定以2分钟为时限。在小筑独自玩耍时，给小筑计时，如果在2分钟内没有任何自言自语的行为，就给他玩玩具小汽车，让他听它发出的嘶嘶声3～5秒钟。

此时一定要允许孩子享受嘶嘶声,因为"强化是一个过程,而不是简单地把强化物塞给孩子",一定要让他能够享受到"消费"强化物带来的快感。还要注意,不要让孩子听太长时间以免影响其他的活动。在进行强化的过程中,可以用定时器计时,定时器发出的响声既能给大人以"该强化了"的信号,对孩子也传递着同样的信息。

经过几天的强化,小筑可以在独自玩耍的2分钟里不自言自语。这时,我们把时限延长到5分钟——只有5分钟内不自言自语才给予小筑强化。在这个要求也能够稳定地达到后,再将时限延长到10分钟、15分钟,直至更长的时间。

除了处理自言自语这样持续出现的行为,对于培养孩子的自我管理能力,差别强化也可以起到很好的效果。在"强化物和强化策略"讲过的妈妈监督小黄学习的例子中,妈妈就是在执行差别强化的策略——强化小黄的"不出现看天花板、搞乱学习材料"的行为,也就是独自好好学习的行为。从采用固定时距的强化方式,到采用可变时距的强化方式,小黄妈妈成功地提高了小黄自我管理学习活动的能力。

(3)不等问题行为彻底消失,只要它能减少到一定程度,就强化孩子

对于有些问题行为,想让它彻底消失十分困难,但可以在不同程度上减少发生的频率或强度。

小梁已经入小学了,却不懂得遵守课堂纪律,总是喜欢在上课的时候前后摆动身体,每四五分钟就会摆动一会儿,这不仅影响了自己听课,也吸引了其他同学的注意力,扰乱了课堂的秩序。

对于这样的问题行为,不适合采用差别强化的第一种办法,因为与小梁摆动身体相对应的好行为不容易找到。如果采用差别强化的第二种办

法，也不太现实，因为上课的时候不可能安排专人从事计时、强化的工作。此时就要考虑第三种方式——只要问题行为减少了，就可以给予强化。跟小梁规定：只要在一堂课内，他摆动身体不超过 10 次，下课之后就可以得到一颗五角星，每当攒足六颗五角星，放学后小梁就可以得到一个巨大的奖赏——他喜欢吃的冰淇淋。就这样过了一段时间，小梁已能够把每堂课摆动身体的次数保持在 10 次以内。这时把标准升高：控制在 8 次以内才能得到五角星。依此类推，逐步提高标准，直到整个一堂课都不出现问题。

采用这种办法，只需要老师在上课的时候记录下孩子摆动身体的次数即可，这大大减少了老师的分心程度，提高了可行性。要注意的是，这个策略得以有效实施的前提条件是：必须让小梁明白自己得到强化的条件。

上面介绍的三种差别强化的方式，本质上是一样的：消退坏行为 + 强化好行为，只是采取了不同的方式而已。无论哪一种差别强化方式，最重要、最基本的都是：确定好行为和坏行为，找出坏行为的前因后果（进行行为功能分析），用好强化和消退策略。所有这些步骤都是围绕着一个原则——"扬善抑弊，赏罚有度"。无论在哪种策略中，这个原则都要贯穿始终。在学习完其他几个策略之后，相信您对此会有更深刻的理解。

塑造
——"接近好行为了就有好果子吃"

"塑造"的本意是制作雕像——先确定好要雕塑的形象，然后根据原材料的性质和形状，一步一步地雕琢出大体形状，之后再慢慢精雕细琢直至得到和预先想象中一样栩栩如生的雕像。ABA 中的塑造策略就是制作雕像的过程，只不过在 ABA 里所要雕琢的不是石头、木材，而是行为。

20世纪中叶，行为主义心理学大师、行为矫正的鼻祖之一斯金纳和他的一个学生在辛勤研究之余突发奇想，要教实验室里的鸽子们学习打保龄球（当然不是真正的保龄球，而是类似于保龄球的塑料玩具）。在他们日常的实验中，鸽子是作为实验对象的常用动物之一。它们是一种聪明的小动物，对于很多新鲜事物很快就能学会，所以斯金纳和他的学生觉得教它们打保龄球应该也不会很难。但是经过几天的训练，他们却发现：打保龄球对于鸽子们还是太难了些，即使是其中最聪明的一只鸽子都没有任何进步。无奈之下，斯金纳的学生决定：只要鸽子往保龄球那里走几步，就给它米粒吃（强化）。这样过了几天，每当鸽子看到保龄球时，就会主动站在球的旁边去等待米粒。此时他们提高了对鸽子的要求——只有它们转身面向球道（面对塑料保龄球瓶）时，才会得到米粒。于是过了几天，鸽子们又学会了来到保龄球前面并且将身体转向球道。在这个过程中，有的鸽子在保龄球旁边等时偶尔抬腿踢动了塑料球，这时斯金纳和学生马上喂它几

颗米粒。经过多次这样的反复，鸽子们"懂得"了抬腿踢球会得到更多米粒的道理，于是，抬腿踢球这个行为被成功地训练了出来。最终，斯金纳和学生对鸽子们提出击球准确度的要求：只有它们踢出去的球碰到球瓶，才有机会得到米粒的奖赏。

就是通过这样循序渐进的训练，斯金纳实验室的鸽子们终于学会了打保龄

球。据说，后来斯金纳的这位学生受此启发，开办了美国第一家专门训练动物从事特技表演的公司，成为一个百万富翁。

塑造策略不仅能成为谋财之道，也能帮助我们教会孩子各种新的技能。它的基本逻辑就是：对于很难一步达到的要求，要暂时降低标准，只要表现出接近目标的行为，就给予强化，等这种行为稳定后再慢慢提高标准直到达到最终的要求。套用"爬梯子"的比喻，塑造策略就是：先把梯子降低，等孩子爬上之后，再把梯子延长，最终达到最高的目标。

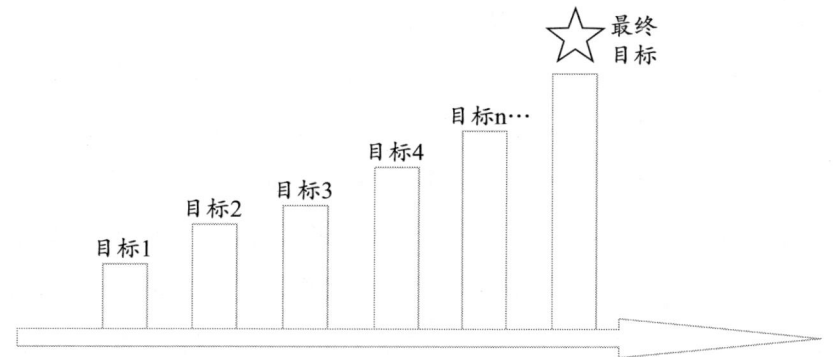

上图可以显示出实施塑造策略的过程，每个小立柱都代表着一个目标。塑造的过程就是按照从低到高的顺序，带领孩子循序渐进、一步一步地达到最终目标。由于最终目标得到了分解，每个分目标对孩子的难度就降低了，这样就更加便于学习，并且可以避免由于挫折给孩子带来焦虑和对学习的恐惧。

下面，我们再具体地了解一下塑造策略的步骤。

（1）确定最终的目标

斯金纳训练鸽子的最终目标很明确，就是让鸽子学会把保龄球准确地踢向球瓶。确定孩子行为训练的目标，并不像训练鸽子那样简单。不少家长习惯于把注意力放在孩子的不良行为上，谈起想要消除的行为，他们总是能不假思索地说出许多，但谈到想要建立的行为时，却往往不是很确定。

"我希望我的孩子能像其他孩子一样融入集体。"

"我希望我们家孩子有语言。"

"我希望我的孩子自食其力。"

这些希望当然是美好而正当的,但却对教育训练没有什么帮助。只有将自己的希望具体化为一个一个明确的行为目标,才能为接下来的教育训练树立可见的标杆。将抽象的希望分解、细化为具体的行为目标,是训练孩子一步一步前进的前提。只知道"不要什么"是不够的,知道"要什么"才是更重要的,这一点需要我们牢记在心。

确定最终目标时还要注意适当性的原则。何谓适当?首先,就是要从孩子的实际需要出发考虑:这些行为对孩子的日常生活或学习来说是十分重要、必要的吗?比如,一个在普通小学或幼儿园上学的孩子,如果不理解、不遵守学校生活规范的话,就会遇到许多麻烦。对这个孩子来说,遵守学校的规范、常规就应当成为一个训练目标。这个目标可以具体化为"在上课间操时能跟随其他同学一起排队下楼"等分目标。其次,确立的最终目标还必须符合孩子的年龄水平和发育水平。比如,如果一个精细动作较差的孩子,用手指取物尚且不能独立完成,给他确立"写字、画画"的目标肯定是不适当的。同样,给一个尚处于蹒跚学步阶段的一岁小孩确立学会骑自行车的目标,也是不现实的。

(2)确定最初的起点(起始行为)

假如把塑造的过程比喻为爬梯子,那么必须首先确定这个梯子的起点。这个起点就是孩子现在所处的地方,是孩子目前已经掌握了的技能。起始行为要逐步与目标行为相接近。比如,训练鸽子打保龄球时,斯金纳和学生所采取的第一个步骤是:只要鸽子往保龄球那里走几步,就给它米粒吃。这就是为鸽子确立的起始行为。

从漫无目的地"哇哇呀呀",到牙牙学语,再到最终学会吐字清晰地表达,每个孩子的语言学习都经历了渐进式的发展历程。最初,婴儿能发出的音也许只有少数几个,而且大多含混不清。这时的爸爸、妈妈绝不会因为婴儿只会发这么简单的音而不高兴,相反,每当他们发出声音时,不管所发的音是否准确,是否清晰洪亮,爸爸、妈妈总是会高兴地冲他们微笑,用夸张的表情赞扬他们,甚至挠他们以博得他们的大笑。过段时间,爸爸、妈妈的要求就会有所升高,希望孩子能够准确地发出单字的读音,比如"大""爸""妈"等,只有当听到这样的音节时才会赞扬孩子,而对不清晰的发音则不会再给予兴奋的积极反馈了。再过几个月,孩子的发音水平有了稳步的提高,这时爸爸、妈妈的要求也会随之更进一步:只有在孩子能说出整个单词时,才会表现出满足的微笑和赞扬。就这样,从无意义的音节,到单字、单词,最终到短句、长句,孩子们慢慢地在和父母的互动中学会了讲话。

婴儿学习语言的过程其实就是父母不断塑造的过程。父母最初强化的只是婴儿毫无意识的发音,这就是语言学习的起始行为。当然起始行为必须根据孩子的特定水平确定,绝不能千人一面,整齐划一。

(3) 确定渐进的步骤

塑造由多个分目标组成最终的大目标。前后两个分目标之间不能相差太多,也不必太少。如果相差太多,孩子会感到难度太大,难以掌握;而如果太小,又容易让孩子觉得毫无挑战甚至感到厌烦,也会影响学习的效率。这就像爬梯子一样,每一级梯子之间的间隔不能太大,也不能太小。那么,究竟间隔多大才算合适呢?苏联儿童心理学家维果斯基提出过"最近发展区"的概念。所谓最近发展区,就是儿童现有水平和在成人的适量帮助下能够达到的水平之间的区域。对目标的确定也应当处于孩子的最近发展区内，这样才是最有利于学习的。

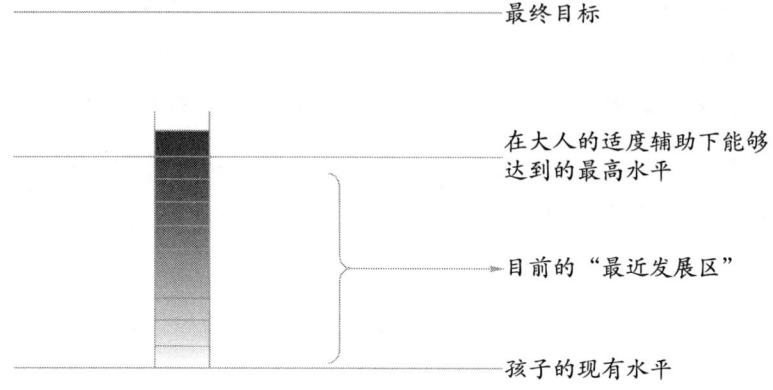

在鸽子的例子中，斯金纳和学生为鸽子确立的目标分别是：站在保龄球前，站在保龄球前并面向球瓶，抬腿踢球，准确地踢球。而在婴儿学说话的例子中，各个阶段的目标是：毫无意义、含混不清的发音，较为清晰的单音节、词语、短句、长句。这些目标都是高于原先的目标并且较容易能够达到的。

(4) 找好、用好强化物，使每一个步骤都能顺利完成

回顾婴儿学说话的过程，可以发现，实际上每个步骤都可以看作差别强化的过程。比如："过了几个月，爸爸、妈妈的要求就会有所升高，这时他们将要求孩子能够准确地发出单字的读音，比如'大''爸''妈'等，而对最初不清晰的发音则不会再给予兴奋的积极反馈了。"这里，爸爸、妈妈忽视（即消退）了最初不清晰的发音，而对准确的单字读音给予积极反馈（强化）。每一个步骤的差别强化都要注意强化物和强化策略的使用（参见本章第二节的内容）。

麟麟是特别胆小的孩子，任何行动都谨小慎微，生怕受到伤害。这种性格的结果之一就是，他到了三岁还不能走路，连独自站立时都害怕跌倒。

如果想运用塑造的策略训练麟麟学会走路,应该采取哪些步骤呢?请思考一下,然后看一下您的方法与孙老师采取的方法有什么异同。

在干预的初期,孙老师先确立了训练麟麟独自站立的目标,先是站立5分钟,然后站立10分钟,每当麟麟达到目标后,都给予他喜爱的木琴作为奖励(强化)。之后,孙老师正式开始了对麟麟走路的训练。最初,孙老师在麟麟面前1米的地方放上木琴,让麟麟独自走过去拿木琴玩。由于1米并不是特别长的距离,麟麟能够克服内心的恐惧走过这段距离。第二天,孙老师又将木琴和麟麟的距离增加为2米,麟麟也成功地走过去拿到了木琴。在接下来的几个星期里,距离逐步地从2米增加到5米、10米、20米……最终,麟麟再也不害怕自己走路了。

【延伸阅读】坏行为是怎样形成的

错误地对待孩子的问题行为,会导致问题行为逐步升级。这实际上正体现着塑造策略的原理。请您通过下面这个例子思考一下塑造策略的原理是怎样体现出来的,如何才能避免问题行为的升级。

阿汤想要妈妈和他一起玩,就叫了一声:"妈妈!"但是妈妈此时正在卫生间洗衣服,抽不开身来陪阿汤,于是就没搭理他。

阿汤有点着急了,开始大声呼喊:"妈妈!妈妈!"妈妈这时才很不情愿地出来陪阿汤玩了一会儿,然后又回去继续洗衣服了。

几分钟后,阿汤又开始觉得一个人太闷了,就又大声呼喊:"妈妈!妈妈!"可这次妈妈决定不能再随便妥协了,不然就不知道什么时候才能把衣服洗好了,于是假装没有听见,继续忙活。阿汤见妈妈不理,就跑到卫生间重重地踢了一下门,对妈妈怒目而视。妈妈看到阿汤愤怒的样子，感觉有些愧疚，过来抚慰他，又和他玩了五分钟。

之后妈妈回来继续洗衣服。阿汤十分不情愿，还是想要妈妈陪。这次他径直来到了卫生间门口，用脚开始踹门。妈妈生气了，决定不理他。阿汤踹了很多脚，见到妈妈仍然没有任何反应，就跑到了妈妈跟前，狠狠地捶了妈妈几下。

这个例子中，妈妈用塑造的方式，把阿汤最初"叫妈妈"的正常行为，逐渐变成了"捶妈妈"的不良行为。每一段都是塑造的一个步骤。这个例子值得我们认真反思：自己平时在面对孩子时，是否有过这种无意之间的塑造？让我们有则改之，无则加勉。

刺激控制
——"给孩子搭个梯子"

刺激控制是几个策略中听起来最"专业"的一个，但实际上它在日常生活中却是最常见、最容易理解的一种策略。请您从现在起忘掉"刺激控制"这个术语，用"搭梯子策略"来代替它。"搭梯子"的比喻来自教育学中"支架教学"的理念，它的整个过程就像是为孩子搭建一个梯子，然后扶孩子爬上去。在 ABA 里，扶孩子上梯子，也就是大人帮助孩子达成目标的过程，叫作"辅助"。毫无疑问，在"搭梯子策略"的实施中，辅助是最重要的一环。

晓颖的爸爸在教她学骑自行车。在到操场练习前，爸爸先告诉晓颖好多注意事项：上了车不要紧张，眼睛要看前方，双手抓紧车把，身子要坐直不要往一侧偏，双脚轮番用力等等。晓颖学骑车的心情很急切，说："光说不练有什么用，带我去操场练练吧！"父女俩来到操场，爸爸先是自己上车骑了两圈，边骑边给晓颖讲解动作要领。然后，他把晓颖扶上了车座，手把手地帮她摆好姿势，一只手扶着晓颖的身体，一只手开始慢慢地把车往前推。晓颖的双脚跟着脚蹬转了几圈，慢慢地已经能在车座上坐稳了，爸爸高兴地夸奖她："你真棒啊！不愧是我的女儿！"这时爸爸就把扶着她的手拿开，让她尝试着自己坐好。每当晓颖紧张地盯着前轮看的时候，爸爸就用手往前方远处指，示意她目光要向前平视。可是每当晓颖向前平视时却又忘记了踩脚蹬，爸爸必须不时提醒她蹬车。过了几分钟，晓颖越来越习惯于坐在车上双脚用力踩脚蹬的动作了，并且似乎开始沉浸于骑车的兴奋中。爸爸趁晓颖不注意小心翼翼地松开了推车的手。晓颖自己往前骑了十几米才发现爸爸已经不跟着她了。听着爸爸边拍手边喊："晓颖会骑车了！"晓颖马上紧张起来，手脚开始不听使唤，车把晃了几下，摔倒在了地上……

"搭梯子策略"的步骤可以表示为下面的图示：

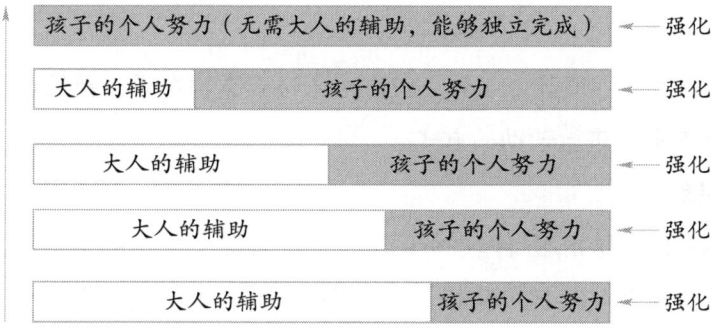

在实施"搭梯子策略"的整个过程中，有两个需要注意的关键点。第一，大人给予孩子的辅助越来越少。从最初大部分需要依靠大人辅助，到最终孩子能够独立地完成任务，大人的辅助持续减少，这其实是撤除辅助的过程。在晓颖学骑车的例子中，爸爸刚开始是"手把手"地扶着她，然后过渡到仅用手推车并用手提醒晓颖注意平视前方，又过渡到仅用语言提示动作要领，最后完全放开手让晓颖独立去骑车。第二个关键点是：每一步目标达到之后，都有一个强化过程。也就是说，只要孩子完成目标，无论是不是在辅助下完成的，无论辅助有多少，都应给孩子以强化，这样才能使孩子的进步巩固下来，为将来更大的进步做好准备。

在"辅助""强化"这两点中，辅助是最关键的。那么，如何做好辅助，怎么扶孩子上梯子呢？

一、辅助的类型

要想有组织、有条理地理解和记忆某些事物，分类是很好的办法。但是任何办法都一定有两面性，分类的坏处是：一旦把事物分门别类，就很可能导致人们在回忆时习惯于先去考虑它是属于哪一类的，这样就束缚了人的头脑，在需要创造性想法时打不开思路。所以，虽然我们介绍辅助时依然采取分类介绍的办法，但请大家千万不要被这些所谓的"类型"束缚住，在实际运用辅助时，一定要放开思路。请记住这句话："*无论什么手段，只要能起到帮助孩子达成目标的作用，就都是辅助，而且是有效的辅助。*"

辅助的类型一般分为五类。在讨论完这五类辅助后，我们还将谈谈利用"视觉提示"进行辅助的方式。

1. 躯体辅助

躯体辅助就是指用身体进行的辅助。在晓颖学骑车的例子中，爸爸手把手地扶着她坐在车上，就属于一种躯体辅助，用手往前推车也是在进行躯体辅助。在日常生活中，经常要大量使用躯体辅助帮助孩子。比如，教孩子传接球、画画、拍手等动作，刚开始时总是需要手把手地帮助他们。实际上，在动作类技能的学习中（包括粗大动作和精细动作），躯体辅助是很有效、很必要的方式。

躯体辅助有程度之分，简单而言，它可以区分为"全躯体辅助"和"部分躯体辅助"。全躯体辅助就是手把手的辅助，无需孩子的努力，即可达到行为目标。比如，手把手地教孩子敲鼓就是全躯体辅助。部分躯体辅助则是辅助程度较低的方式，大人和孩子有身体接触，但并不是让孩子一点不用费力便能达到目标，而是给孩子提供一个动作的趋势，让他自己去完成接下来的动作。比如，在教孩子拍手时，可以把他的两只胳膊抬起，往中间稍稍一推，这样就创造了一个拍手的动作趋势，接下来大人便把手从孩子的胳膊上拿开，让孩子自己完成拍手动作。

2. 示范辅助

示范辅助的形式十分好理解，就是大人亲自做出想要孩子做的事情，供他模仿。比如，晓颖的爸爸在扶晓颖上车之前，亲自骑了几圈。示范辅助的使用范围非常广，几乎所有的技能都可以先做示范，一来可以让孩子明白大人对自己的要求，二来可以更容易地理解如何达到要求。在进行语言训练时，示范辅助的运用十分常见，如果想让孩子学会说某个词语，就要自己先说一遍，让孩子模仿。在进行社会技能的训练时，示范辅助也是常用的。如打招呼、挥手再见、用语言或轻柔的动作表达自己对某人的喜爱等，都可以通过"示范—模仿"来学习的技能。

要使示范辅助发挥效果，必须以孩子能够模仿为前提。模仿是一种基本的能力，是儿童透过周围环境学习知识和技能的基础。但不少孤独症儿童却并不具备这种能力。因此，在许多干预方案中，模仿能力的培养和提高都是训练的第一项主要内容。

3. 姿势辅助

姿势辅助就是用手部、头部等动作或面部表情提示孩子。比如，在教孩子将图片和实物配对时，老师将图片摆在桌子上，给孩子一个实物，然后向正确的图片微微一指,帮助孩子明白要将实物放在哪张图片上。在晓颖学骑车的例子当中,"每当晓颖紧张地盯着前轮看的时候,爸爸就用手往前方远处指,示意她目光要向前平视"。此时,爸爸就是采用了姿势辅助的方式,帮助晓颖学习骑车时目视前方。这里,爸爸既没有示范,也没有刻意用语言提醒,只用一个细微的动作就帮助了晓颖,可见姿势辅助的确是一种方便而有效的方式。

4. 言语辅助

在晓颖学骑车的例子中,父女俩去操场之前,父亲给晓颖讲了一堆注意事项,在亲身示范时又讲了不少动作要领,这些都属于言语辅助,也就是用语言给予提示和帮助。言语辅助对于语言理解能力比较强的孩子才是适用的,但在某些时候并不太奏效。去操场之前,晓颖就嫌爸爸讲得太多:"光说不练有什么用。"对于一些较复杂的动作类技能,言语辅助的效率并不高。但它也有特别适合的领域,对于语言学习的项目,言语辅助的方式就十分常见。假如想教孩子说"吃饭",那么大人对他说"吃——",这就是一个很好的引导。这似乎和示范辅助有些重合,其实当用示范辅助方式教孩子学习语言时,也可以认为是在采用言语辅助的方式。

5. 学习材料辅助

前面四种辅助形式都是大人在孩子学习时从外部给予的帮助,而学习材料辅助则是一种完全不同的方式,我们可以把它理解为"学习材料本身的变化,起到了帮助孩子学习的作用"。举例来说:假如我们教孩子学习"指认三角形",那么除了躯体辅助、言语辅助、示范辅助、姿势辅助外,还可以考虑如下的方式。(为了举例方便,假定现在教孩子从三角形卡片和圆形卡片中辨认出三角形)

辅助方法1:把三角形卡片做得比圆形卡片大。

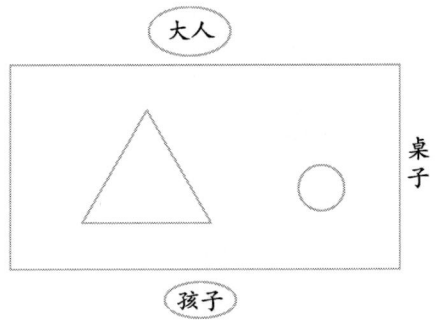

辅助方式2：将三角形卡片摆放在离孩子更近的地方。

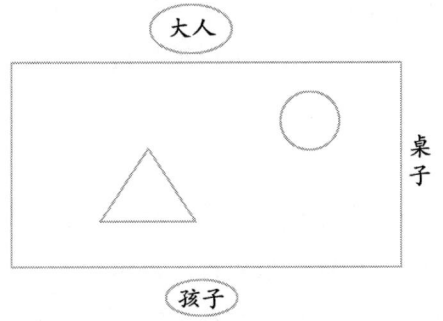

辅助方式3：在三角形卡片旁边画一个小箭头指向它。

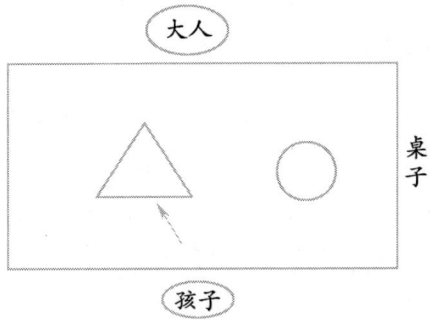

辅助方法4：给三角形卡片涂上颜色。

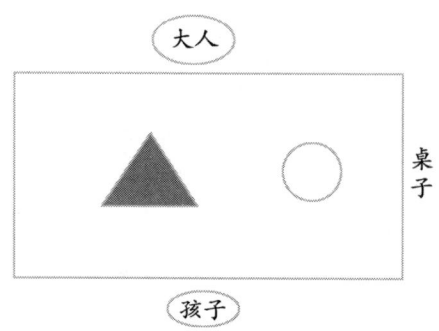

"从三角形和圆形中辨认出三角形"这个学习任务,用到的学习材料就是三角形和圆形的纸片。前面四种辅助方式都是通过改变两张纸片的状态进行的。无论是改变大小、位置,还是在三角形旁边画上箭头、给三角形纸片涂上颜色,都是为了突出三角形纸片这个对象,以便于孩子能更容易地指向它。

6. 视觉提示类辅助

不少孤独症儿童习惯于通过视觉渠道获取信息,他们能更容易地感知和记忆静态的视觉信息。因此,采用视觉提示的办法,能够帮助大多数孩子更有效地学习。视觉提示的形式有很多种,如卡片、实物、照片等,它们既能帮助孩子更好地理解行为目标,也能使孩子更快地达到目标。由于视觉提示是一种非常重要的策略,所以在后面的章节中将单独予以全面的讲述,在此暂不展开介绍。

现在已经介绍完常见的几种辅助方式，请思考：假如要教孩子学习指认苹果，可以采取哪些辅助的方式？（在考虑辅助方式时一定要打开思路，不必拘泥于前面的分类）

在教小夕举手的动作时，刘老师最初采用了躯体辅助的办法，即手把手地把小夕的右手举到头顶。后来刘老师偶尔发现，每当他伸出手的时候，可能出于本能的抗拒，小夕习惯于用右手去够刘老师的手。于是刘老师利用小夕的这个特点，想到了一个更好的辅助办法：在发出"举手"的指令后，马上把手放到小夕的头顶，而小夕则总是不出所料地用右手去够。

这个事例告诉我们：儿童个体的特点决定了适合于每个儿童的辅助方式也不是千篇一律的。因此，"无论什么手段，只要能起到帮助孩子达成目标的作用，就都是有效的辅助"。一定要灵活地找出适合自己孩子的辅助方式，千万不可僵化。

二、贯彻辅助的原则

1. 辅助方法要适当

一般来讲，动作类的技能用躯体辅助的方式是没有问题的。而对语言类的技能，采用躯体辅助则肯定无从下手，应该考虑言语辅助或示范辅助。在考虑如何辅助孩子的时候，首先要想好哪种辅助方式是适当的、便于实施的。当然，每个孩子的情况各不相同，对于某个孩子适用的辅助方法可能不适用于另一个孩子，所以最根本的还是要从孩子的具体特点、兴趣爱好和习惯出发去选择辅助方式。

2. 辅助要适时

适时的原则要求我们掌握好辅助的时机。这里提出"适时"而不是"尽快"，是因为辅助并非总是越快越好。对于孩子几乎完全不会的新学习的技能，在发出指令后马上给予辅助是必要的，因为只有这样才能使孩子明白要求、建立自信。而对于孩子已经基本掌握的技能，再给予立即的辅助就不合适了，那样只能增加孩子对辅助的依赖，降低学习的自主性和独立性。这种情况下应该等一会儿，给孩子独立完成的机会，在看到孩子的确无法独立完成时，再给予必要的辅助。这实际上是"辅助的延迟"，属于撤除辅助的一种方式，下文中将会详细介绍。

3. 辅助要适度

请注意，这里提出的原则是"适度"而不是"最大"或"最小"，这是因为辅助程度的大小高低也是因时因地制宜的，不可一言以蔽之。按照之前对辅助形式的分类，如果从程度高到程度低排列，顺序大体是：躯体辅助、示范辅助、姿势辅助、言语辅助、学习材料辅助。

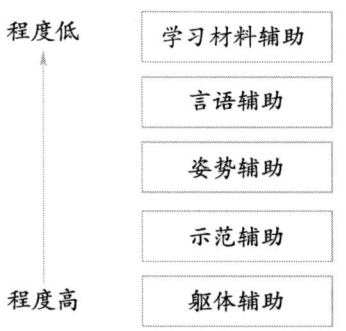

在同一种辅助形式之内，也存在着不同的程度等级。比如，我们之前讲到过躯体辅助有全躯体辅助和部分躯体辅助之分。再如，前面提到的教孩子辨认三角形卡片的例子，其中一种方式是将三角形卡片放得离孩子更近些。三角形卡片离孩子的距离体现着辅助程度的大小之别。如果我们把三角形、圆形的位置摆得稍近一些，这样实际上就增加了难度，换句话说就是减轻了辅助的程度。直到最后，把两种形状的纸片摆成平行：

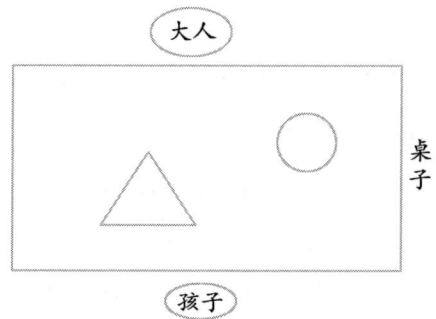

这时候从纸片的位置上,孩子已经得不到任何提示了,也就是说,学习材料辅助此时已经完全撤除。

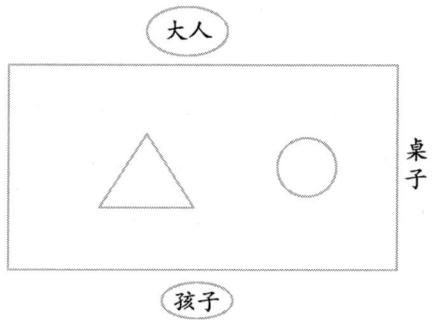

那么,什么时候辅助程度应当大,什么时候应当小呢?这要区分具体的情况。

一方面,在孩子刚开始学习新技能时,我们应该从程度较高的辅助开始(给予孩子最大程度的帮助,确保他能达到目标),然后逐渐过渡到程度较低的辅助(逐渐减少对孩子的帮助),直至让孩子在完全没有辅助的情况下独立达到目标。

举个例子,假设我们教孩子"拍手"这个动作,最初给予的辅助应当是最大程度的"躯体辅助"(即手把手地辅助。这个过程还可以分为:从全躯体辅助到部分躯体辅助),再到"示范辅助"(即发出指令后大人先自己拍手做示范,让孩子模仿),再到后来可以过渡到"姿势辅助"(如用手指一指孩子的手,让他明白应当做拍手动作),直至最终不给予任何辅助。

另一方面，对于一些已经学习过并且基本掌握了的技能，则不应从较高程度的辅助开始。比如，假设一个孩子以前已经会拍手了，那么在对他发出"拍手"的指令后，就不要给任何辅助，而是要等待他独立完成。只有当他无法独立完成时，才给予一点辅助。此时的辅助应该是程度较低的。如果在较低程度的辅助下他仍然无法完成，才考虑给予更高程度的辅助。

总之，对辅助的时机、程度的把握应掌握一个原则：对于新的技能、不会的技能，辅助要快，程度要高；对于已经掌握的技能，辅助则要等待，程度要低。

如前所述，在各种辅助形式中，学习材料辅助的程度是最低的，所以也是最容易撤除的。因此，在教育孩子时，不妨多考虑采取学习材料辅助的方式，这对孩子独立性的建立会有更大的帮助。

三、辅助的撤除

辅助的目的是帮助孩子最终独立完成学习目标，因此在给予辅助后，还要考虑辅助的撤除。何时应撤除辅助呢？前文已经对此问题给出了回答：当孩子能够稳定地完成目标的时候，就应该撤除辅助了。

辅助的撤除同样也要掌握适度的原则，不可太快，也不应太慢。撤除太快了容易导致孩子因达不成目标而产生沮丧情绪，影响学习动机；而撤除太慢了又容易造成孩子的依赖心理。一般来讲，撤除辅助时可以考虑下面的两种方式。

1. 辅助消退——减轻辅助的程度

如何减轻辅助的程度，当然要看目前所采用的辅助形式。如果根据孩子的特点，灵活地找到了适合他/她的独特辅助方式，那么相信您一定也能灵活地撤除它。当然，您也可以考虑：既然各种辅助形式有程度高低之分，那么撤除辅助时，也可以按照这一顺序从高到低进行，从较高程度的辅助过渡到低一级的辅助，再到更低一级的辅助，直到最终零辅助。

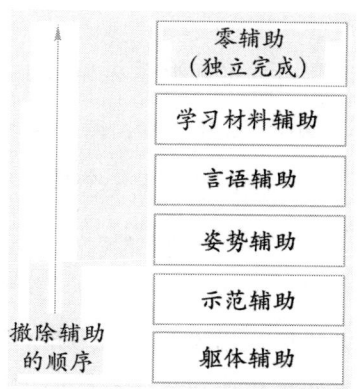

假设，孩子在学习用勺子吃饭，最初需要手把手地帮助他舀饭送到嘴里（躯体辅助）。经过一段时间的练习后，如果孩子也在顺着辅助的手用力，就可以把躯体辅助的程度降低：从手把手的辅助变为扶着孩子的手腕。再过一段时间，如果只需要扶着孩子的手腕，他就能顺利地舀饭吃，这时就可以考虑再将辅助降低为示范辅助：在孩子吃饭时，在孩子面前摆出用勺子舀饭的姿势，提示他所要做的动作。再以后，就可以只是简单地指一指勺子，让孩子明白该做什么，逐渐过渡到在没有任何提示的情况下独立用勺子吃饭。

在撤除辅助时，并不是必须从一个辅助方式过渡到另一个辅助方式。"躯体辅助、示范辅助、姿势辅助、言语辅助、学习材料辅助"的顺序是可以跳跃性地选择的，这要根据实际情况灵活决定。而且对于某个特定的学习内容，并不是每种辅助形式都适用。比如，教孩子伸舌头（口唇运动是发音训练的内容之一），躯体辅助显然是不适当的，对大人来说也很不安全，我们就应该跳过这种辅助形式，考虑其他更灵活的方式。比如，可以考虑拿一根孩子喜欢的棒棒糖放在他的嘴前，吸引他来舔，这同样能够让孩子伸舌头。

2. 辅助延迟

辅助延迟是指等一等再辅助，不断延长等待的时间。

在教小翎说"谢谢"时，老师会首先递给小翎一个玩具，然后马上提示小翎说"谢谢"。小翎说出以后，老师就会给她一个红色的小五角星（代币强化），并且夸奖她"真是个懂礼貌的乖孩子"（社会强化）。但是小翎非常缺乏主动回应的技巧，只有在老师的提示下才会说"谢谢"。于是老师就改变了策略，在递给她玩具后，等待2秒钟才给予言语辅助（老师说"谢谢"，也可以称为示范辅助）。一段时间以后，老师将辅助之前等待的时间从2秒增加到5秒、10秒，直到最终小翎能够在没有得到辅助之前说出"谢谢"。

这是一个通过延迟辅助的方式逐渐撤除辅助的例子。在教孩子其他各种技能时，也可以考虑这么做。

通过辅助，我们帮助孩子做出了目标行为，然后通过强化巩固下来，并逐渐地撤除辅助，最终达到让孩子独立完成的目标。在孩子能够独立完成之后，仍然要给予强化使其稳固下来。在整个过程中，每一步的强化都要遵循强化策略的原则和要求（参见第二章第三节的内容）。

【延伸阅读】为什么"搭梯子"策略的学名叫"刺激控制"？

在行为主义心理学里，把环境中对行为有影响的事物统称为"刺激"，比如学习材料（如三角形、圆形纸片、勺子、饭碗）、大人提出的要求（"指三角形""拿勺子吃饭"）等等，这些可能引发孩子行为的因素都被称为"刺激"。同样，大人的辅助也可视为一种"刺激"。前者（学习材料、大人的指令）属于"自然的刺激"，是孩子们能够在自然的生活、学习环境中遇到的，而大人的辅助则是不常见的，在自然的生活学习中，孩子不可能每次都能得到，因此它属于"非自然的刺激"。

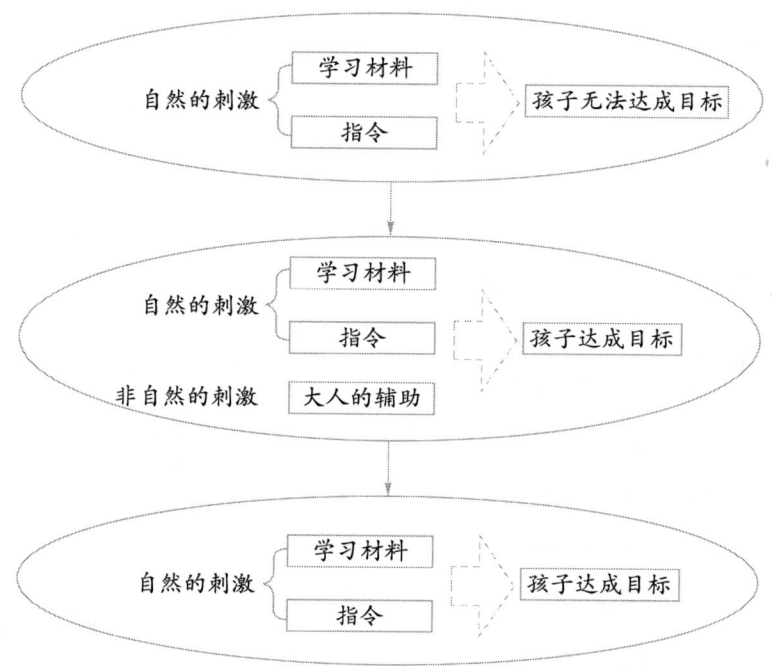

大人给予孩子辅助，实际上是通过增加辅助这个"刺激"，将"自然的刺激"变成"非自然刺激"。虽然自然变为了非自然、正常变为了不正常，但这个过程却能够促进孩子的学习。最终，我们的目标是把非自然还原为自然，把不正常还原为正常，所以必须把大人的辅助这个不自然的"刺激"去掉，也就是撤除辅助。可以看到，整个过程实际上都是在对"刺激"进行着控制（或增加刺激，或撤除刺激），因此，这个策略被称为刺激控制策略。实际上，如果剥去它"学术""专业"的外衣，用日常的话讲，它就是"上辅助、撤辅助"的办法，一点都不神秘。

当然，给予孩子辅助只是改变"刺激"的一种方式。刺激控制策略还有其他的方式，在本书其他章节的个别例子中有所涉及。另外，刺激控制严格来说不完全属于"后果控制策略"，有时也可视为"前提控制策略"。弄清楚刺激控制的确切定义和分类不是本书的任务，所以对它的介绍并未严格按照专业界定进行，对此只需了解即可。如果有深入了解的兴趣，可以参考一些关于行为矫正的专业书籍。

串链
——"把孩子的好行为串起来"

何谓串链？从这个名字就可以看出来，串链是将大的目标分解为一个个小的目标，然后再将它们像链子一样接起来，也像一块一块拼图，组合成一个完整的画面。可以想见，当学习的行为比较复杂，难以一下子掌握的时候，串链是非常适用的。比如，假设现在面临着教孩子穿衣服的问题。对于"穿衣服"这个行为，用塑造的办法行不行呢？不行，因为孩子从未有过接近于穿衣服的行为表现，所以找不到塑造的起点。那么，用"搭梯子策略"（刺激控制）行不行呢？也不行，因为"穿衣服"包括太多细小的动作，不可能一下就辅助到位，也就是说"梯子"一下子搭不了那么高。那应该怎么办呢？其实，可以考虑多搭几个梯子，循序渐进地扶着孩子一步一步地爬，最终爬到终点。这就是运用串链的策略——把目标分解成小的步骤，逐一教授。

一、目标的分解

对于"穿衣服"这个行为，如何分解呢？请注意，"穿衣服"这个目标是不好分解的，因为它包含了一类行为，如"穿裤子""穿外套""穿袜子"等等。就像在"了解行为"中讲到的"我们要分析的是一个个行为，而不是一类行为"，必须具体地确定行为目标。在此，我们以"穿裤子"为例,请开动脑筋,把穿裤子的过程分解开,越细越好,然后把自己分解的结果和下面的结果进行比较。

> - 系好腰带
> - 把裤子从屁股拉到腰间
> - 把裤子从膝盖拉到屁股
> - 把裤子从脚踝拉到膝盖
> - 站起来
> - 把脚伸进裤腿,让裤子到脚踝的位置(一次一边)
> - 把裤腿摆在地上(一次一边)
> - 抓住裤子,降到腿部以下的位置
> - 抓住裤子口,把裤子拿好(上下放对)
> - 拿起裤子
> - 坐下

这里的分解结果是洛瓦斯教授在他的书中所提到的。您分解的结果有这么细致吗?下面再介绍同一本书中"穿衬衫"的分解,供您参考、借鉴。

> - 把衬衫拉下来
> - 把胳膊伸进袖子(一次一边)
> - 抓起衬衫一角,以便胳膊能顺利伸进袖子(一次抓一边)
> - 把衬衫套在头上
> - 把衬衫放到头顶
> - 把衬衫放到适当的位置,以便能正确地穿上
> - 拿起衬衫

分解目标时,步骤越细致越好,但在教孩子学习这些目标时,则要视孩子的情况决定教授的起点、步骤。如果孩子对某个目标已经部分掌握了,或者对其理解、学习的能力比较强,可以从中间的步骤教起(以现有

水平为基准），把多个步骤放在一起教。还是以穿裤子为例，如果孩子现在已经能够独立把裤子套到脚踝，那么对于这个步骤之前的"站起来、把脚伸进裤腿、把裤腿摆在地上、抓住裤子、把裤子拿好、拿起裤子、坐下"等目标就不用教了。由于孩子的基础已经较好，设想他学习以后的步骤也应该会很快，那么就可以将"把裤子从屁股拉到腰间""把裤子从膝盖拉到屁股"这两个步骤放在一起教。总之，和塑造、刺激控制等策略一样，在任何时候，决定教学的起点、步骤、方式等，都要以孩子的现有水平、接受能力等为基准。

完成了对目标的分解，就可以针对每个目标逐个击破了。在教每一个分解目标时，可以运用塑造、刺激控制等策略。这些策略已经介绍过，在这里就不再重复了。

二、目标的串链

将大的目标分解后，必须再想办法将它们串链起来，才能达到让孩子学会最终技能的目的。比如，"穿裤子"和"穿衬衫"的各个步骤都教给孩子以后，还要让孩子能够主动完成所有的步骤。有如下几种方式将各个分解目标串链起来。

1. 顺向串链

就是按照整个任务的顺序，从头做起。比如，对于一些粗大运动，以"双手扔球"为例，可以把它分解成"双手抱球、把球举到胸前、把球举过头顶、后仰、双手往前用力、双手松开"等步骤。如果要将这些步骤串链起来，就适宜采用顺向的顺序。

2. 逆向串链

就是把分解开的步骤反过来，将最后完成的动作放在前面教。

也许您已经注意到，上面所展示的"穿裤子"和"穿衬衫"的步骤，顺序是反着的，也就是让孩子先从学习排在后面的步骤开始。比如，先教如何"系好腰带"，再教"把裤子从屁股拉到腰间"。这就要求大人要先把前面的步骤做好，只留下孩子已经学习过的，以及正在学习的步骤。比如，在教"系好腰带"这个步骤时，大人要事先替孩子完成之前的所有步骤，即把裤子套到腿上，并且将其拉到腰间，然后才通过辅助等手段教孩子系腰带。在孩子学会了系腰带后，在接下来"把裤子从屁股拉到腰间"这个步骤的学习中，大人就要先替孩子完成"把裤子从膝盖拉到屁股"及之前的所有步骤，然后教孩子完成"把裤子从屁股拉到腰间"这个步骤。之后，让孩子自己完成"系腰带"的步骤。这样能够保证最后一步总是孩子独立完成的，起到自然的强化作用。

3. 同步呈现

同步呈现的串链方式和顺向、逆向都不同。后两者是一次只教一个目标，而同步呈现的方式则是把复杂的行为链作为一个单位一起教授。比如，要想教孩子烧热水，就不适合采用顺向或逆向的方式，因为烧热水是一个连贯的过程，火是不会遵从我们的分解而随时暂停的。这时就适合使用同步呈现的方式教孩子。

用同步呈现的方式教孩子学习时，应全程跟踪，采取"影子式"的辅助方式。顾名思义，要求大人在孩子完成整套步骤时，在一旁像影子一样跟随。用手跟随着孩子的手，以便当孩子不能完成目标时能够马上给予辅助。这样可以防止错误的发生，保证孩子可以顺利完成各个步骤。在孩子能够独立完成之后，还要跟随一段时间，确保孩子真正掌握了，并能把学到的技能保持下去。

4. 视觉提示

其实在日常生活中，也经常会遇到串链策略的应用。比如，在买回一台家用电器后，会按照说明书一步一步地学习使用方法。这实际上就是通过串链策略在学习，或者说厂家在利用串链策略教我们。这种串链方法叫"文字任务分析"。如果说明书上附有图片，则又成为"图像任务分析"。在教学中，也可以先把要孩子完成的任务分解开，然后把分解后的小步骤

逐个画成图片，贴在孩子的工作桌前作为视觉提示。这也是串链策略的应用之一。比如，在教孩子洗手时，就可以将洗手分解为多个步骤：挽袖子、打开水龙头、冲水、挤洗手液（打香皂）、搓手、冲水、关水龙头。然后将各个步骤画成图片，贴在水龙头旁的墙壁上，每次都带领孩子浏览这些图片后开始学习相应的步骤。在之后的章节中会集中介绍视觉提示的策略，在此不再详细举例了。

不同的串链方式适合不同类型技能的教学，有人对此进行过总结。

适合采用顺向串链方式	复杂的游戏：踢球、赛跑
	大多数粗大动作：传接球、跳绳、游泳
	阅读技能：认识字母、读句子
	书写技能
适合采用逆向串链方式	大多数生活自理技能：穿衣服、叠被子
	说出个人信息：姓名、年龄、家庭住址
	独立到达某个地点：去学校、去超市
适合采用同步呈现方式进行串链	大多数烹饪技能：煮咖啡、烧热水、烤面包
	大多数休闲游戏：打保龄球、跳舞

下面我们看一个运用串链策略教孩子生活自理技能的例子，用微波炉做爆米花（半成品的袋装爆米花，超市中可以买到）。在这个例子中，使用了录像作为辅助的手段，这是一种值得学习的好方法，它实际上可以看作视觉提示辅助的一种形式。曾有人做过对比，和仅仅采用成人的躯体或言语辅助相比，同时采用成人辅助和录像辅助手段更有效，孩子可以在更短时间、更低程度的辅助下掌握所学习的技能。

首先，将微波炉做爆米花这个任务进行分解，确立以下的各步骤：（1）将爆米花纸袋从包装盒中取出；（2）打开微波炉门；（3）将爆米花纸袋放进微波炉；（4）关上微波炉门；（5）按"爆米花"键，使其自动设定时间和火力；（6）按"开始"键；（7）当时间到时，微波炉自动发出警示音后，打开微波炉门；（8）把爆米花袋取出，关上微波炉门；（9）打开爆米花袋；（10）把爆好的爆米花倒在容器里，开始享用。

在教学前，首先由一个成人按照上述步骤完成一次爆米花的任务，用录像机将全过程中的每个步骤都录下来，一个步骤大约持续5~10秒钟时间。录像的时候，将录像机放在演示者肩部位置，对准演示者的手部动作进行拍摄，这样拍摄出的镜头是以操作者本人的视角呈现出来的，而不是以一个旁观者的角度。还要注意选择拍摄的距离，以保证能够看得清每个步骤的动作细节为标准。为了达到更好的辅助效果，使用视频处理软件进行处理——为每个步骤都配上一句指导语，即用言语提示孩子该步骤正在做什么，比如第一个步骤配上的指导语为"现在，把爆米花从包装盒里面拿出来"。为了更方便地控制播放进程，在教学时用电脑软件播放录像，这样一来，需要暂停时只需按动鼠标或键盘即可。

在实际教学前，先把所需的电器和材料准备妥当，包括：把微波炉插上电源，把电脑摆在微波炉旁边，把爆米花和碗都放在微波炉旁边。教学时，采取如下的步骤：首先带孩子来到微波炉前，对他说："××（孩子的名字）给自己做一袋爆米花吃吧！"然后引导他注意电脑上播放的录像。在观看完第一步骤的录像后，暂停播放，口头提示孩子："你自己做。"如果10秒钟内孩子没有做出正确的动作，则给予一定的躯体辅助，如把孩子的胳膊稍稍抬起送到爆米花包装盒旁边，引导他打开包装盒取出袋装的爆米花。在进行完第一步骤后，引导孩子观看第二步骤的录像，并口头提示孩子："自己做一下。"如果10秒钟没有正确做出，再给予适当辅助。每个步骤都以这种方式完成，直到最终完成爆米花的制作。注意在每个步骤完成后，无论孩子是否是独立完成的，都给予口头的赞扬（即社会性的强化）。每天都进行这样的教学（当然，并不一定每天都给孩子吃掉所有的爆米花），可以看到孩子一天天的进步。等孩子可以不需成人的躯体辅助就可以100%地完成各个步骤时，开始撤掉录像。刚开始撤掉录像时，孩子可能会不知所措，不清楚下一步要做什么。此时可以用图片或文字提示给予少量的言语提示，提示语与录像中为各个步骤所配的指导语相同。进一步推而广之，可以教孩子用微波炉加热饭菜以及做其他的速成食品等等。

上面这个例子中，采用的是"同步呈现"的串链方式，即在每天的教学中都让孩子完成多个步骤，而不是一步一步地学习。在其他技能的教学中，也可以采用顺向或逆向的串链方式。比如，教孩子摆餐桌，可以以下面的步骤进行教学。

将摆餐桌这个任务分解为具体的小步骤：（1）把需要的碗、筷、勺、盘从相应的架子或柜子中拿出来，放到餐桌上；（2）为每一个位置摆放一个碗；（3）在每一个位置的碗边摆上一双筷子；（4）在每个位置的碗边再摆上一只勺子；（5）把盘子放在桌子中间。用录像将一个成人的演示拍摄下来，拍摄时位置和角度的要求和上面例子中相同。

教学时，采用逆向串链的方式，即先学后面的步骤，再学前面的步骤。在教学前，先把孩子当天要学习的步骤之前的所有步骤替他完成。比如，假如孩子已经掌握了（5）（4）内容，今天要教孩子学习第三步"在每一个位置的碗边摆上一双筷子"，那么在教学前就把（1）（2）步骤都完成。让孩子一次性观看完所有步骤的录像，然后提示他："××（孩子的名字）帮我们把餐桌摆好吧！"让孩子完成的过程中，视情况给予适当的躯体或言语辅助。这样，从第五步开始，依次学习之前的步骤，直到最后把所有步骤都学会。再以后可以撤去录像的辅助手段，让孩子练习完全独立地摆餐桌。

参照以上的例子，可以制订教孩子学习各种生活自理技能的教学计划。当然，上面例子的步骤都是可以调整的，辅助的方式亦可以根据条件作出改变，录像的辅助方式也并非是必需的。总之，掌握了基本的步骤和方式后，教学的细节可以根据孩子的特点和具体情况灵活决定。就像之前曾讲到过的，"ABA 是一道菜"，掌握了这道菜的菜谱后，口味如何就要由您自己决定了。

惩罚
——"坏行为不光没有好果子，还会有坏果子"

惩罚毫无疑问属于减少坏行为的策略，但我们并没有把它与"消退"和"差别强化"放在一起，而是作为最后一个策略介绍，就是希望向大家传达这样的理念："惩罚是最后的办法。"通过前面讲过的各种策略，您已经掌握了许多减少不良行为、增加好行为的方法。在绝大部分情况下，只要将这些策略用好，基本上可以应付各种情况。而惩罚无论是正向的还是负向的，无论是温和的还是严厉的，都会带给孩子不好的感受。如果使用不当，它还可能带来适得其反的结果。所以，只有在尝试了其他所有办法仍然无效后，才考虑使用惩罚。

惩罚的副作用总结起来有如下七条，这就是惩罚的"七宗罪"：

（1）孩子受到的惩罚越多，他的生活中就会越多地充满不愉快的感觉，结果可能造成他失去对环境的信任，进一步降低探究环境、与人交往的兴趣。

（2）惩罚会暂时抑制不良行为的发生，但惩罚只告诉孩子什么是错的，他不该做什么，却没有告诉他什么是对的，他应该做什么。

（3）痛打、斥责等较为强烈的体罚手段，会一时减少孩子的不良行为，但过段时间，这些行为往往会重复出现，因此，这种惩罚的效果值得怀疑。美国心理学家罗斯（Rose）曾提出过一个"体罚循环圈"的理论，即体罚会暂时停止孩子的不良行为，强化大人的体罚行为，然后过段时间孩子的不良行为还会重复出现，这导致大人以更频繁和更激烈的方式体罚孩子。久而久之就形成了一个恶性循环，结果体罚手段越来越严酷，孩子的不良行为却越来越多。

（4）如果孩子总是受到责骂、体罚，他们甚至会模仿大人，学会打骂别人，并且可能觉得打骂、攻击是解决问题的唯一手段。

（5）孩子受到惩罚时肯定会感到不舒服，这样他可能会对惩罚自己的人产生敌意，这会大大影响父母和孩子之间亲子关系的建立，继而严重地影响学习、生活。

（6）当孩子出现不良行为，家长决定对其进行惩罚前，难免犹豫不决，并且在惩罚前会不停地说理、教导、责骂，到最后真正实施惩罚时，离孩子的不良行为已经过去了很长时间。这样，孩子对于责骂、惩罚与不良行为之间的联系就会混淆，搞不清自己为什么受到惩罚。

（7）惩罚给父母带来愧疚感，从父母的角度影响了亲子关系的建立，并且使父母怀疑自己教育孩子的能力。父母是孩子的第一任老师，也是最重要的老师之一，父母对自己角色的怀疑，对孩子的教育只能带来负面的影响。

鉴于上述惩罚手段的副作用，本节只对惩罚手段做一般性的介绍。需要注意的是，惩罚不光是打、骂，它和强化一样，也有正负之分。所谓正惩罚，就是给孩子他不喜欢的事物，让他产生厌恶感从而达到惩罚的目的，也被称为"第一类惩罚"（Type I）。而负惩罚就是剥夺孩子喜欢的事物，以达到惩罚的效果。相对来说，负惩罚给孩子带来的伤害是较小的，因为它并不给孩子外加不舒服的感受，因此它用得比较多。而正惩罚则可能给孩子带来额外的不快，所以不提倡使用。

由于惩罚涉及给予孩子不舒服的刺激，因此也属于"厌恶刺激控制策略"的一种。① 本节分别介绍负惩罚中的两种策略："短时隔离"和"反应代价"，以及正惩罚中的"过度练习"策略。

一、短时隔离②

短时隔离，英文是"Time Out"。在体育比赛中，"Time Out"的意思是"暂停"。作为一种惩罚手段，它和"暂停"有点类似，可以理解为"暂时让孩子离开其喜爱的强化物"。

---

① 注：正惩罚和负强化可统称为"厌恶刺激控制策略"，因为二者都涉及了令人不舒服的刺激。关于负强化，详见"强化物和强化策略"。为了便于理解，本书对各个策略的编排方式并未按传统的行为矫正教材进行，而是将其分开介绍的。

② 注："短时隔离"也译为"罚时出局"。

小鹏正在和其他小朋友一起上小组课，今天的内容是往小狗画片上粘贴五官。小鹏在家里跟妈妈做过这个活动，已经掌握得很熟练了，于是他感觉很兴奋，非常想在大家面前表现一番。但是轮到他的时候，他上去把小狗鼻子贴好之后，随手把小朋友贴好的眼睛、嘴巴、耳朵都抓了下来。老师看到小鹏这种表现，平静地走到他面前，蹲下来使目光处于和小鹏一个水平线上，用坚决的语气说："这样不对。"然后拉着小鹏走到教室另一边的角落里，让他在一张椅子上坐了下来，告诉他："你上课不听话，还破坏其他小朋友贴的东西，所以你不能再跟我们一起贴画了，在这坐三分钟然后才能回来。"说完，老师看到小鹏老老实实地坐好了，就离开了。三分钟后，老师回来把小鹏带了回去。小鹏这次没有破坏小狗的五官，表现得很乖，于是老师重新给了他鼻子，让他贴好，并且表扬了他。

在例子中，老师对小鹏使用了短时隔离的惩罚措施。从例子出发，我们分析一下这个策略包括哪些要点。

(1) 找准要让孩子离开的强化物

我们讲到过，通过控制"果子"减少不良行为的原则是：坏行为一定没有好"果子"吃。短时隔离策略是要"罚孩子离开强化物"，所以找准强化物是至关重要的。在前面的例子中，我们可以看到，小鹏在贴小狗五官的游戏中表现得很兴奋，显然很喜欢这个游戏，希望参与到游戏中来。因此，参与这个游戏就是小鹏的强化物，把他带离游戏现场，就剥夺了他参与游戏的机会，这会对小鹏起到惩罚的作用。试想，假设小鹏是因为对这个游戏没有兴趣、感到厌烦才出现不良行为的，这时老师把小鹏带走就不是惩罚，而是一种强化了。所以，找准强化物是短时隔离达到效果的关键所在。有人在处理儿童行为问题的时候，一谈到使用短时隔离的方法，就想到把孩子带离"事发现场"，而根本不考虑孩子出现行为问题的原因和目的。这样就把短时隔离策略变成了"请坐"策略。在许多情况下,"请坐"策略不但起不到任何效果,反而会适得其反。

（2）注意执行短时隔离时的态度、语气

在孩子表现不良时,大人们总是会感到不高兴,因此在实施惩罚时往往不自觉地会加重语气、加重动作。这种反应是正常的,但却需要克服,因为如果每次惩罚孩子时都显得气急败坏,一来会严重影响自己的心情,可能会导致自己暂时产生一种憎恨孩子的情绪,这样就很容易使实施惩罚的过程变成体罚、责骂。当大人语气发生变化时,语速会变快,语言可能会没有条理,这样给本来理解能力就不强的孩子增加了理解的难度,导致大人的说理变成了对牛弹琴。二来看大人气急败坏的样子对孩子来说也许是一种乐趣,他们可能因此喜欢上激怒大人。

正确的做法应当像例子中的老师那样,蹲下来（目光与孩子处于同一水平线,能有效地保证孩子在听你说的话）,用平静而坚决的口气告诉他:"这样不对！"把孩子带到隔离地点后,也用同样的口气简短有力地告诉他为什么会受到惩罚,并且告知他接受惩罚的时间。除了必要的告知外,在实施隔离的过程中必须避免和孩子之间产生互动。任何多余的互动,如斥责、解释、说理都可能对孩子起到强化作用,严重影响隔离的效果。

（3）隔离的地点必须远离强化物

老师选择了在教室的另一个角落实施隔离,这样做的好处在于：将小鹏和他喜欢的游戏活动彻底隔离开来。在教室的另一个角落,小鹏既看不到也听不到游戏活动,这样对他才能起到惩罚的效果。另外,这也防止了小鹏出现反抗行为时对其他小朋友的影响。

（4）隔离的地点必须安全、严密

有时孩子的不良行为是为了得到大人的注意。如果用短时隔离的办法处理这种行为,那么就更应该在执行的过程中注意使用平静的口气、简短的语言。还应该在孩子接受隔离时得不到任何人的注意,这就要求隔离的地点必须是安全的，不会给孩子造成身体上的伤害。所以在决定实施短时隔离前，必须首先想一想能不能找到安全的地点实施隔离。有时可以在教室或家里专门开辟一个区域或一间小房子作为隔离区，这个区域除了孩子坐的椅子外没有任何物品，尤其不能有任何孩子喜欢的物品，且应该利用家具、墙壁等阻挡住孩子的视线，防止孩子逃跑。

（5）防止孩子独处时制造危险或自我强化

对于有自伤、攻击行为的孩子，实施短时隔离是不恰当的，因为在隔离期间，孩子可能会出现自伤、攻击行为，给自己、他人或物品造成伤害。特别要注意的是，对于经常出现自我刺激行为（如在眼前晃手以获得视觉刺激等）的孩子，不宜进行短时隔离。道理十分明白：将孩子单独隔离开，等于给了他时间和空间进行自我刺激行为，这会影响惩罚的效果。

（6）短时隔离不应影响孩子当前的活动

这一点很容易理解：如果孩子正在进行的活动十分重要，不应该被打断，那么实施隔离就不应该。

（7）在隔离期间正确应对孩子的反抗

在接受隔离的时候，很多孩子都会有反抗行为。对待这些反抗行为，也要求大人和孩子之间尽量减少互动，即尽量避免和孩子拉拉扯扯的"战斗"。这就要求大人首先有个预判：孩子的反抗行为会有多严重？我能不能在保持平静、坚决的情况下不动声色地控制住他？如果觉得自己做不到这一点，还是不要实施短时隔离为好。

（8）短时隔离的时限

从"短时隔离"的名字就可以看出来，隔离孩子的时间应当是短暂的，并非越长越好。有人经过研究发现，隔离的时间一般在1~10分钟之间，原则上1岁1分钟，超出了这个时间，隔离的效果并不见得更好，反而容易引起孩子的厌烦和反抗。当然，如果在隔离期间孩子有反抗行为，可以额外延长隔离的时间，但额外延长的时间一般也应在1分钟以内。可以多次延长，直到孩子没有反抗行为为止。必须要注意，在孩子依然存在反抗行为的时候，如果恰巧隔离的时限到了，一定不能让孩子离开，因为这样会强化其反抗行为。

(9) 惩罚过后要有强化

在隔离结束后，应当让孩子立即回到原来进行的活动当中去，让孩子有改善自己的行为、得到强化的机会。在小鹏的例子里，老师看到小鹏回来之后表现得好了，于是又给他一次参与活动的机会，并且在他完成后给予了表扬。这样做是十分必要的，它可以使小鹏明白自己是因为坏行为才受到的惩罚，而只要自己表现良好还是会得到好的结果的。

二、反应代价

"反应代价"这个词语看似专业，其实只是一个极为常见的策略。用日常的话来说，它的意思就是"孩子做出了不良反应，就要为此付出代价"。它的理念是："坏行为不但没有好果子吃，连自己本来已经得到的好果子也会被收走。"罚款就是反应代价策略的典型应用。

实际上，"反应代价"和"短时隔离"在原则上一致的，都是采取将孩子和他喜欢的强化物分开的方式，只不过"短时隔离"是把孩子从强化物那里带走，而"反应代价"则是将强化物从孩子那里拿走，也可以称为"剥夺强化物"。

在实施"反应代价"的过程中，要想对孩子起到惩罚的作用，就必须保证拿走的强化物是孩子在当时、当地最喜爱或最希望享受的。怎样保证这一点呢？不妨回忆一下我们在"强化物和强化策略"一节中讲过的影响强化物效能的因素。与之相类似，影响强化物剥夺效果的有如下几个因素。

(1) 个体差异

通对过"强化物"的介绍，我们已经了解到孤独症儿童的兴趣往往是异于常人的，因此，在剥夺强化物时，要特别注意仔细观察，看孩子真正喜欢的是什么。

（2）剥夺的时机

在大多数情况下，孩子出现不良行为之后马上就会受到惩罚。比如在课堂上骚扰其他小朋友时，老师就会立即把之前得到的小奖品收回。但有时，大人可能由于各种原因无暇顾及孩子，无法马上剥夺孩子的强化物。这就需要考虑剥夺时机的问题：是应该马上剥夺呢？还是过一会儿再剥夺呢？这要看孩子的理解能力，如果不是马上而是过一会儿再剥夺，那等他失去强化物时，能不能理解这是在惩罚自己先前的不良行为？由于每个孩子的理解力不同，何时剥夺效果最佳也没有统一的答案，可以有不同的选择。但有一点是可以肯定的，那就是在孩子出现不良行为后，无论是否马上剥夺强化物，大人都要设法（可以采用语言、视觉提示等方式）让孩子明白自己当前的行为是错误的，是会受到惩罚的。

（3）孩子目前的状态

这个道理在"强化物和强化策略"一节中也已经提到过，在考虑剥夺强化物时只要将其反过来想即可。比如，在一个人非常渴的时候不让他喝水，在非常饿的时候不让他吃饭，在非常困的时候不让他睡觉，都是很有效果的惩罚。需要特别说明的是，这种方式显然有失人道主义，不推荐对孩子使用。

在社会生活中我们经常会遇到这个令人不快的情况。当您看到"随地吐痰，罚款五元""乱丢垃圾者必遭重罚"之类的标语时，有没有想过将这些策略运用到教育训练孩子之中呢？钱，其实就是"代币"的一种形式。在孩子教育中可以用代币，如小五角星、小印章、小红旗等作为强化物，同样，这些代币也可以用来作为对孩子的惩罚手段。当孩子出现不良行为时，就把他已经得到的代币拿走几个，这无疑能够起到惩罚效果。

【延伸阅读】反应代价和消退策略的不同

消退策略也是从孩子那里拿走强化物，听起来和反应代价是相似的。但实际上，采用消退策略时，所拿走的强化物是当时强化孩子的不良反应的强化物，不多不少。而实施反应代价时，所拿走的强化物却不止如此，往往还多拿走一些孩子所喜欢的其他东西，从而让孩子有不愉快的感觉。

消退：拿走的是当时的强化物

反应代价：拿走的不光是强化物，还有更多孩子喜欢的东西

三、过度练习

和前面的两个策略不同，过度练习属于一种正惩罚。简单地讲，就是在孩子出现问题行为后，让孩子进行和该问题行为有关的费力活动。

在我们大力倡导素质教育之前，经常能见到这样的老师：对于做错某道题目或写错了某个字的学生，就罚他们把做错的题目或写错的字重新做或重写十遍、二十遍。老师这样的做法是否有效很值得怀疑，但可以肯定的一点是，他们是在践行"过度练习"的惩罚策略。

过度练习有两种形式：第一种就是前面提到的办法——把做错了的地方改正过来，并且练习很多遍。如果一个孩子在上课时故意把笔和其他学习材料扔到地上，试图以此逃避学习，可以让他把扔掉的东西捡起来。捡起来之后，我们再次把这些东西重新摆回它们被扔在地上的原位置，让孩子重新捡一次，甚至多次。第二种过度练习的方法叫作"过度补偿"。比如，一个孩子发脾气时往墙上撒了许多墨汁，把墙壁搞得乌七八糟。这时可以要求他不但要将墙擦干净，还要把另一面墙也擦得干干净净、一尘不染。

在实施过度练习时，孩子也一定会有反抗行为。如果决定了实施过度练习，就必须事先考虑好自己能否应付孩子的反抗。如果决定实施，就一定要坚决执行——即使遇到孩子的反抗，也要坚定地辅助孩子完成过度练习。所以，要不光对此有充分的心理准备，还要做好体力上的储备。如果对自己有无足够的力气抑制住孩子的反抗，并且使过度练习持续进行存在疑问，那么最好不要"知其不可为而为之"，把惩罚变成狼狈的纠缠打斗。和执行短时隔离时一样，在辅助孩子执行过度练习时，也要注意态度和语气，尽量做到平静、坚决，避免多余的斥责、体罚。

对于惩罚，我们就介绍以上三种策略。需要再次提醒您的是，惩罚是最后的办法，正向、积极的强化才是最强有力的工具。

第四章　前提控制策略

所谓前提控制策略，就是针对孩子出现问题行为的前提，改变他所处的环境，将其中可能引发问题行为的因素控制到最小或者消除掉，从而防止问题行为的出现。要想做到这一点，必须对孩子的特点有所了解，这样才能有效地找出可能引发问题行为的因素，做到对症下药。孩子之间千差万别，每个孩子都有自己不同的特点，引起每个孩子问题行为的因素也林林总总，不可一概而论。这里我们不可能将这些因素一一枚举，但了解自己的孩子是每一个父母的责任，了解自己的学生也是每一个老师的责任，相信任何一个合格的父母或老师，都应该对自己所教养的孩子的性情、特点了然于胸，进而对如何控制问题行为的前提做到胸有成竹。这不仅需要负责的态度、仔细的观察，有时也需要用理论的武器武装自己，学会用科学的方法观察表象，分析其背后隐藏的深层问题。我们将对孤独症儿童的感知觉特点、行为习惯、常见问题行为的原因进行列举和分析，作为分析孩子情况时的参考。

了解和应对孤独症儿童的感知觉特征

在相当多的情况下，孤独症儿童之所以会出现问题行为，是由于他们对环境的不适应，而这大多与他们独特的感知觉特点有关。比如，有的孤独症人士自述，平常的雨点声在他听来就像枪炮声一样刺耳，所以在下雨天他才会变得异常烦躁。不幸的是，人类大脑对信息的处理方式是难以改变的，对待这类情况需要借鉴"大禹治水"的智慧——"疏而不堵"：如果无法阻止它，不如加以疏通和引导。但是请注意，疏导不是迎合，更不是无条件的迁就，我们加以疏导的最终目的是使孩子通过自己比较熟悉的方式适应正常的环境。下面分别从听觉、视觉、触觉、嗅觉和味觉、运动感觉几个主要的方面，介绍孤独症儿童的特点以及如何针对这些特点，对教学和生活环境、沟通方式等作出适当的调适。

一、听觉的特点

多数孤独症儿童对听觉信息的处理与常人相异，有的对声音过分敏感，有的却反应迟钝。比如，有的孩子能够听到某些特定的细微声音，但对一些噪音安之若素，或者对别人的言谈置若罔闻。

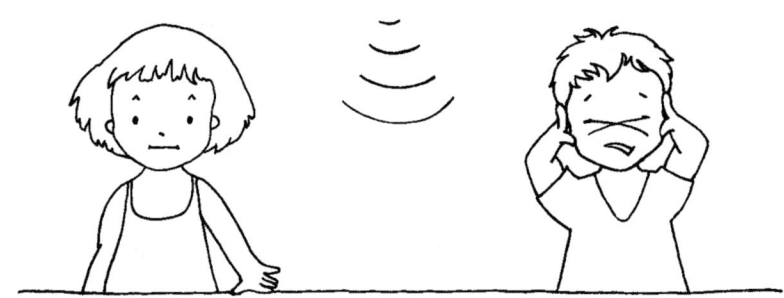

1. 听觉过敏

对听觉信息过敏的孩子可能具有的特征包括：时常用手捂住耳朵，或把手指伸进耳洞里以求挡住声音；当听到不喜欢的声音（如噪音）时，自己哼哼或者唱歌，或者发出尖叫；有的孩子有睡眠问题；当有嘈杂的声音时，显得烦躁不安，不能集中注意力；对较大的声音表现出害怕的样子；不喜欢某些特定的声音，尤其是一些音调较高的声音，比如女高音的歌声、警笛的叫声等等。

对于听觉过敏的孩子，在生活和学习中，应考虑采用一些独特的方式和他交流、交往，比如：对他说话时特意放低音量；为孩子准备耳塞或耳机，在遇到强烈的声音时带上以防止受到刺激；在可能遇到强烈的声音前，通过各种手段告知孩子，以帮助他做好准备；告诉和孩子一起生活、学习的人，尽量避免剧烈的举动，如使劲摔门、敲打桌子等等；给孩子的口头指令最好简洁、明确、统一，以免增加孩子处理信息和理解的难度；和孩子交流时可以考虑同时使用手势、图片等视觉提示的手段；避免让孩子到嘈杂、混乱的环境，避免带孩子到空旷易产生回响的空间中去。

2. 听觉迟钝

对听觉信息反应迟钝的孩子，通常表现出：对较大的声音听而不闻；喜欢大声的、节奏感强烈的音乐；喜欢玩能发出较大声音的玩具，比如电子喇叭、电子琴等；喜欢有较大噪声的环境，比如车辆川流不息的大街、厂房；把发声的玩具或其他物品拿到耳朵边上倾听；常常敲打桌子、墙壁等物品制造噪声。

对于这样的孩子，如下的策略可以运用到教学中去：适度地使用一些可以发声的玩具或教具，以增加孩子的参与兴趣；在教学中进行发声的活动，比如，大人和孩子轮流敲鼓，这种活动形式可以增强孩子和人互动的动机；可以考虑把有较大声音的环境作为孩子的强化物，当孩子表现较好时，就带他到这些环境中作为奖励。

二、视觉的特点

1. 视觉信息过敏

视觉信息过敏的孩子通常表现为：对较亮或闪光的东西十分敏感，尤其对发出荧光的物品特别敏感；喜欢用余光观察别人或物品，给人造成注意力不集中的印象；不会持续地看人或物品，而是不断地扫视；对小的物件和运动的物品十分着迷；十分关注物品的细节，比如能注意到一般人注意不到的小东西，如地上的一片纸屑、墙上的一个小点。

针对孤独症儿童这样的特点可采用如下的策略：不必总是强求孩子建立目光对视（根据有的孤独症人士长大后回忆，他们在对视别人的目光时会激起恐怖的情绪，或者由于看人脸带来过多的视觉信息，导致他们无法注意别人说出的话），只要在学习时孩子没有把注意力过分分散就可以了；尽量减少孩子生活、学习环境中能发出较强光线、闪光的物品，以免引起孩子较大的反应；减少房间、教室中的装饰物，简化环境，减少视觉刺激；最好购买可以调节亮度的灯，以便让孩子可以自己选择感到适宜的亮度。

2. 视觉信息迟钝

这样的孩子大都有如下表现：不怕直视光源；不太适应透明的物品（比如，在喝玻璃杯里的水时由于判断不准水面而容易洒漏）；过台阶或门槛时容易磕碰、跌倒；在陌生的环境里走来走去抚摸每样物品；喜欢在眼前晃动手指或手掌。

对于有上述表现的孩子，可以在生活和教学中进行如下的调整：调整灯光，以寻找孩子最适应的光线亮度；在从事孩子可能不适应的活动之前，预先发出警告，比如，在进入一个较暗的屋子前就告诉孩子"我们要进屋了，可能刚开始时你会看不清楚"；在陌生的环境里，给孩子时间和机会，允许他以自己的方式感受一下环境，等其适应后再开始其他的活动；孩子常去的房间、教室的家具等布局尽量减少变化。

值得注意的是，听觉信息处理能力差的孩子，对视觉信息的处理能力往往比较强。他们更容易理解亲眼见到的东西，也能更好地加以记忆。比如，在理解语言方面存在较大困难的孩子，看到汉字却能够过目不忘，不到四五岁就能认识几千个字。对于这样的孩子，一定要考虑使用视觉手段进行交流、教学（参见第四章第三节的内容）。

三、触觉的特点

在给孩子进行感觉统合训练前，一般要先进行感觉统合能力的测试，其中部分题目是测量孩子触觉敏感性的，如："害怕到新场合，常常不久就要求离开""偏食、挑食，不吃青菜或软皮的食物""常吸吮手指或咬指甲，不喜欢别人帮忙剪指甲""不喜欢和别人谈天，不喜欢和别人玩碰触游戏，视洗脸和洗澡为痛苦""对危险和疼痛反应迟钝或过于激烈"等。通过测试，可以计算出触觉感觉失调的分数，进而确定训练的强度和项目。通过这些测试题目可以看出，触觉方面如果存在特异性的话，会给生活、学习等方面带来不利的影响。不过，感统训练测试往往不去区分触觉过分敏感的孩子和触觉迟钝的孩子，实际上这两类孩子应加以区别对待。

1. 触觉过分敏感

往往表现为：不喜欢被别人抱，不喜欢身体接触，既包括不喜欢某个特定部位被接触，也包括全身都不喜欢被接触的孩子；不喜欢洗头或剪指甲；不愿意穿特定材质的衣服，或者特别喜欢穿某种材质的衣服；喜欢脱去衣服光着身子，或者无论天气如何、地面状况如何都喜欢光着脚；偶尔受点小伤时反应特别强烈；对气温的变化反应特别敏感；特别注意卫生，有类似于洁癖的倾向；不愿意到可能弄脏衣服或身体的地方去，如不愿意玩沙土、泥巴、水彩画等。

对于这些孩子，应当注意：不要长时间地和他们有身体接触，接触的时候要干脆，不要似碰非碰；给孩子留下私人空间，避免到拥挤的地方去；给孩子穿尽量舒服的鞋子、衣服和帽子等衣物；尽量不要让室内温度有经常的变化；可以循序渐进地引导孩子参与一些玩沙土、玩泥巴这样的游戏，让他逐步适应适度的污物，以及适应用手接触这些材料时的感觉；在孩子睡着的时候给他剪指甲；通过尝试，确定孩子适应何种程度、何种方式的身体接触，和孩子周围的成人（其他家长、老师等）交流，以避免由于不适产生问题行为；可以尝试用小刺球等物品，时常给孩子做些轻柔的按摩，让他逐步适应外界的触觉刺激。

2. 触觉迟钝

触觉反应较为迟钝的孩子，可能会在受到撞击或其他伤害时感觉不到疼痛；有自伤行为，比如，把自己的手咬得鲜血淋淋却似乎并不感觉痛苦；对气温变化没有什么反应；多动，总是不能安静下来；喜欢穿质地粗糙的衣服。

对于触觉反应迟钝的孩子，可以考虑如下的方式给予应对：对于自伤的孩子，首先考虑给他一个替代品作为伤害对象，而不是伤害自己的身体，比如喜欢咬自己的孩子，给他一块软木塞或无毒的塑料制品咬；注意孩子周围的环境，防止他受到可能的伤害；教孩子感受冷、热、硬、软等感觉，并作出恰当的反应；教孩子以恰当的方式、恰当的力度和别人进行身体接触，而不是在接触别人（比如拥抱其他小朋友）时用力过大以致让对方感到不舒服。

还可以采用多种游戏活动锻炼孩子的触觉，比如"麻布洗澡"游戏——拿一块粗糙的干毛巾，用适当的力度擦孩子身体的各个部位，尤其是一些触觉特别敏感或迟钝的部位。为了避免刚一开始时孩子的紧张情绪，应循序渐进地进行，力度和时间要逐渐地缓慢增加。也可以一边做一边给孩子讲故事、听音乐。还有"裹春卷"游戏——用一条质地粗糙的大浴巾把孩子卷起来，在床上轻轻滚动他，同时用手轻轻按压孩子的身体，让孩子有被拥抱的感觉。

美国有一位很有名的孤独症人士叫天宝·格兰丁（Temple Grandin），她在小时候孤独症的表现十分明显和严重，但长大后成了一名动物学家，并写了很多跟孤独症有关的书。① 在一本书中，她提到自己在触觉信息处理方面有反应较为迟钝、不敏感的特点。每当她感到焦虑、紧张不安时，就希望能被人紧紧地拥抱，这样能使她的消极情绪有所减缓。为此，她为自己设计了一台"拥抱机"，每当自己有消极情绪时，就进到机器里，让它紧紧地挤压自己，以舒缓情绪。当孩子表现出不安的情绪时，不妨尝试一下紧紧地拥抱他，帮助孩子度过困难的时刻。

四、嗅觉和味觉的特点

有一些孩子在嗅觉和味觉上也有独特的特征，例如：喜欢咬东西、舔东西、闻东西；挑食，只吃某几种食物；不喜欢洗澡，不喜欢换掉脏衣服；不喜欢某些强烈的气味等等。对于这些孩子，应该根据不同特点给予不同的对待。例如，对于挑食的孩子，应当循序渐进地把一些孩子不习惯吃的食物加入到他的食谱中来，比如可以将胡萝卜（假如孩子不喜欢胡萝卜）切成碎丁或煮熟后碾成泥，掺一点到孩子喜欢的菜里面，等孩子吃完后给予表扬，以后逐步地增加分量。对于嗅觉和味觉都敏感的孩子，饮食最好有规律，使孩子事先了解每天吃什么，这样在引入某些额外的食物时，可以减少孩子过分

---

① 注：天宝的书已有多部译为中文版，如《社交潜规则：以孤独症视角解析社交奥秘》（合著，2012），《用图像思考：与孤独症共生》（2014），《孤独症大脑：对孤独症谱系的思考》（2016），《我心看世界：天宝解析孤独症谱系障碍》（2018）等。

强烈的反应。

五、运动感觉的特征

有不少孩子在身体运动、平衡感及协调性上存在着不足，比如：粗大动作发展较弱；走路不稳，爱跌跌撞撞；爱踮脚尖走路；有一些看似"怪异"的动作；有时有一些刻板、重复的举动，如转圈等。

对于减少孩子的这些表现，我们通常会想到一种很流行的训练方式——感觉统合训练。感觉统合的理论是美国特殊教育专家爱尔丝（Ayres）于20世纪70年代提出的。她认为人的大脑都有将从身体各种感觉器官传来的感觉信息进行多次组织分析、综合处理、作出正确决策的能力，这种能力能够促进人的整个机体和谐有效地运作。如果这种能力存在缺陷，会导致一系列的问题，涉及身体运动和平衡能力、注意力、语言能力、学习能力等方面。感统训练就是基于这样的理论，通过一些特殊器材，设计特定的项目训练孩子，改善感统技能。国内对感觉统合曾有一些研究，其中有一些证明了感统训练在特殊教育中的效果。目前各地都有一些感统训练的机构，为孩子提供相关的训练服务。尽管对于感统训练在孤独症儿童身上的效果还没有确定的结论，但是让孩子适度地参与这样的运动至少是没有坏处的，而且在感统训练中可以通过一些手段，穿插进认知、社交等技能的训练，比如认识感统器材的颜色、教孩子和别的小朋友共享感统器材、组织小竞赛等，都是很好的活动形式。需要注意的是，给孩子进行感统训练要适度，不要强度过大。

了解和应对孤独症儿童的行为习惯

除了一些感知觉方面的特点，孤独症儿童的行为习惯也往往表现出与常人不同的地方。对于这些不同，我们也应加以了解并给予适当的应对。其总体原则仍是"疏而不堵"，通过改变孩子周围的环境以及教学、交流方式，以适应他们的特点，减少由此可能引发的行为问题，改善孩子们的生活和学习。我们的孩子有哪些行为习惯特点呢？

一、对常规的过分执着

我们经常说"刻板"是孤独症儿童的一大行为特点，实际上，刻板不光指某些重复的肢体动作，也指孩子们对常规的过分执着。他们对每天活动的时间安排要求固定不变，很难接受临时作出的改变；他们对环境要求严格一致，有时房间里一个垃圾桶位置的变化都能引起他们的哭闹。前一个例子是说他们对于时间安排的刻板，后一个是说对空间安排的刻板。如何针对孤独症儿童难以改变的身心特点进行疏导呢？

首先，可以为孩子安排固定的常规（包括时间和空间上的常规）。

在日常生活和学习中，要有意识地把各种活动安排得有规律。比如，学校中的一日生活，从入校、收拾衣物和书包、吃早点、上课、游戏、吃午饭等等，都有固定的顺序。家庭生活虽然不像学校生活那样正规、统一，但也可以有意识地将各项活动安排得有条理些，建立一个相对来讲较为固定的时间表。有的家长希望在孩子回家后能够进行一段时间的阅读活动，那么就最好利用固定的时间、在固定的地点进行，比如吃完饭后、在客厅里，而不应该随性而为，随时随地地拉孩子跟着大人进行阅读，这样只会增加孩子的焦虑和不服从行为。

确立常规并且让儿童理解常规，一个非常有效的方法就是使用"视觉时间表"。视觉时间表可以帮助儿童了解活动的内容和顺序、对自己的要求，所以它也具有减少儿童焦虑和恐惧感，减少情绪和行为问题的作用。另外，它还可以帮助儿童在没有大人的密切关注和提示时，通过观察视觉时间表（见下图）独立安排自己的活动，所以它对培养儿童的胜任感、独立性等重要品质也是有益的。前一个时间表可用于学校或幼儿园中，后一个用于家庭活动。可以根据孩子的生活常规，参考这样的方式设计制作出特有的时间表，并且辅以视觉提示手段，帮助孩子理解和遵从自己的常规。

其次，在常规发生变动时，要事先告知孩子。

儿童姓名（可配以照片）	
9:00 – 9:30 （或配以钟表的图片）	早操 （或表示早操的图片）
9:40 – 10:10 （或配以钟表的图片）	加餐 （或表示加餐的图片）
10:10 – 10:25 （或配以钟表的图片）	小组游戏 （或表示小组游戏的图片）
10:25 – 10:55 （或配以钟表的图片）	个体工作时间 （或表示个别工作的图片）
……	……

16:30 – 17:30 （或配以钟表的图片）	跟妈妈做训练 （或图片）
17:40 – 18:30 （或配以钟表的图片）	休息、和姐姐玩游戏 （或图片）
18:30 – 19:00 （或配以钟表的图片）	吃晚饭 （或图片）
19:00 – 19:30 （或配以钟表的图片）	休息、看电视 （或图片）
19:30 – 20:30 （或配以钟表的图片）	阅读活动 （或图片）
……	……

任何常规都不可能一成不变,要让孩子适应不时出现的变化,最好的办法就是防患于未然,在变化出现之前就告知孩子。

一位家长为孩子的暑假安排了一次旅游活动,而这个孩子从前从未在暑假出门旅游过。为了让孩子适应这个变化,在暑假前的两周,他把旅游的计划讲给孩子听,并且制作了时间表帮助理解。另外,还收集了很多旅游目的地的景物图片,并且把旅游期间可能遇到的情况用图片的形式画出来讲给孩子听。通过这么充分的准备,孩子不仅没有出现适应不良的问题,而且玩得非常开心,在旅游途中也学习到了很多平时没有机会学习的东西。

每天的生活、学习活动顺序保持一成不变,并不符合正常的习惯,在充满了变化的现实世界中,是不可能达到的。我们的最终目的不是迁就孩子,而是让孩子学会适应普通的环境。也就是说,虽然孤独症儿童对常规的执着应当被尊重,但也应该给予他们一些挑战。所以在学习和生活中,要注意视孩子的情况,积极地改变活动和环境的细节。例如,今天把学习材料摆在柜子的第一层,明天摆在第二层等等。总之,要设法让孩子明白:"要用到的东西是可能变换地方的,但我只要在附近找一找,就能找得到,这不会影响我的学习。"当然,可以经常变换的是环境的细节方面,对于环境中大的方面,如家具的摆放,功能区域的整体安排,最好不要总是变动。

二、不善等待

我们和我们的孩子都生存在一个拥挤的社会里,等待总是不可避免。然而,等待恰恰是孩子们最不擅长的技能,所以要培养他们学会等待。其实在很多时候,等待就是延迟满足的过程。学会等待的第一步,就是要学会克制自己,接受延迟的满足。这需要在生活中有意识地培养。比如,在吃零食或玩游戏时,在给孩子他喜爱的食品或玩具前,有时可以有意地安排他做件小事情，或是故意拖拉几分钟。努力让孩子明白，不能马上得到的东西并不会消失，只需付出一点耐心。如果凭孩子的理解力还不能明白这一点，那么下面这样的视觉提示卡片也许会有所帮助。

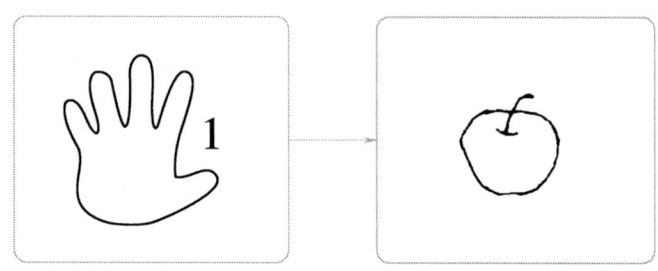

在必须排队等待时，要想办法在事先、事中让孩子时刻记住自己应该做什么，不应该做什么。采用一点视觉提示的手段，也可以很好地帮助我们做到这一点。

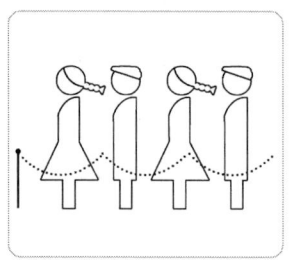

或者，在要站立的地板上贴上这样的提示：

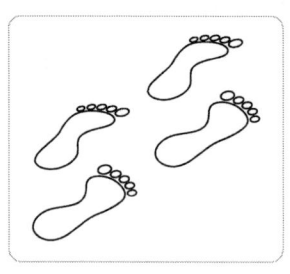

三、其他常见问题行为的诱因和应对策略

对孤独症儿童来说，有一些情境很容易引起情绪问题，进而引发问题行为。这些情境包括：被提要求，等待，被忽视，某项活动被终止等等。

然而在孩子们的成长过程中，上述几个情境都不可避免地会遇到。如何在这样的情境中未雨绸缪，防止出现问题行为呢？

1. **被提要求**

首先，要注意的是提的要求不应过高。如果细心，您应当记得我们在"塑造"一节里提到过"最近发展区"这个概念（参见第三章第三节），它是指孩子目前的水平到在大人的帮助下所能达到的水平之间的区域。我们对孩子的要求不应高于这个"最近发展区"。就是说，要保证孩子要么能独立完成，要么能够在大人的适度帮助下完成。只有做到这一点，才能保证孩子不会经常产生挫折感，以问题行为逃避。毫无疑问，要做到这一点，需要对孩子的现有水平和能力有足够的了解。所提的要求也不应过低，那样会引起孩子的厌烦，同样也会引发问题行为。

其次，要注意提要求的方式。用孩子能够明白的方式提出要求。本节之后将介绍的视觉提示手段就是帮助孩子明白要求的一种方法。另外，言语指令一定要简洁、清楚，尤其对于语言理解力不强的孩子来说更应如此。

再次，要注意提要求的时机。第一，应该尽量避免在孩子沮丧、不安、焦躁时提出有难度的要求；第二，不要为了验证孩子的能力或者仅仅为了追求自己的满足感，一遍又一遍地向孩子提出对他来说没有任何难度的要求。

2. **被忽视**

在得不到他人的注意时，有的孩子也容易出现问题行为（尤其是一些自我刺激的行为，如自言自语，在眼前晃手，转圈，将头轻轻撞向墙壁以获得满足感等），通常这是他们寻求注意的一种方式。时时刻刻给予他们关注是不可能的，应当如何避免这种情况下的问题行为呢？通过

观察我们可以发现，一般来说，只有当孩子感到无聊、无所事事或所从事的活动不能引起他们的兴趣时，他们才会寻求他人的注意。这告诉我们，不能给予孩子注意时，尽量安排一些他们感兴趣的活动，填充他们的时间，不让他们感到无事可做，这样才能把他们为了寻求注意而出现问题行为的可能性减少到最低程度。

3. 某项活动被终止

不少具有"刻板"特征的孩子，让他们从一个活动转换到另一个活动很不容易，但一旦开始做新的活动时，他们又往往会对新的活动爱不释手、难以放弃，终止活动可能会遭到强烈的反抗，甚至发脾气。这种"专一、执着"的个性很可爱，但有时也很令人头疼。为了避免由于活动被终止而引发的问题行为，有两个办法可以考虑：首先，可以为孩子安排较为固定的常规，一旦活动的预定时间到了，就马上停止该活动。在时间到之前，最好拿安排好的时间表给孩子看，让他在结束活动前做好准备。其次，在活动快要结束之前，给孩子一个"倒计时"的提示。这个提示可以用图片表示，也可以用语言、手势等表示。总之，在活动结束前，要想办法让孩子知道结束的时间，做好充分的心理准备。

视觉提示手段的运用[①]

教学是一个人与人之间的互动过程，要保证这个过程顺利进行，最基本的就是要保证信息在双方之间的传递，而任何教学都必须考虑教者和学者双方对信息的接收能力和偏好。在孤独症儿童的教育教学中，应当如何考虑孩子的信息接收能力和偏好呢？其中一个需要我们加以特别关注的方面，就是视觉提示的应用。它是孤独症儿童教育中非常常见的教学手段和方法。从它力图适应和照顾孤独症儿童身心发展特点的角度看，它不仅是一种手段，而且包含了因材施教、个别化教育这一特殊教育的核心理念。

一、什么是视觉提示

视觉提示，顾名思义就是能够看得到的提示。在日常生活中，我们几乎无时无刻不在利用视觉提示。最常见的例子就是交通信号灯，就算大街上再嘈杂，它也能静静地把交通信号传递给我们。还有各种交通标志，提示着司机和行人应遵守的规则；电器的说明书，一步步指示我们如何组装或操作电器；马路上的斑马线，指明了行人的道路；厕所门上的标志，提示着我们不要走错了房间；电脑、电话键盘上的字母和数字，使我们不必去死记各个按键的顺序和功能；商场、影院里的"EXIT"（紧急出口）灯箱，告知我们遇到紧急情况时逃离的方向；银行柜台前的一米线，提醒我们应当在一米之外等候；汽车尾部贴的"保持车距""我害羞，别吻我"，警告后来者保持车距；学校里的课程表，提醒学生提前做好每节课的准备；田径场上的跑道线，约束着运动员不要抢道并线；停车场上划出的方格，规定好了每辆汽车

[①] 注：在之前的章节中，曾几次提到了视觉提示手段的运用。由于这是一个很常见也很重要的方式，往往能帮助我们更好地与孩子交流，促进他们的生活和学习，因此，将其进行单独介绍，但本节有些内容严格来讲并不属于"前提控制策略"。

的停车位置；袜子的脚踝外侧绣着的小商标，能让主人区分开左右脚；红色和白色电线，帮电工分辨哪一根是火线，哪一根是零线……

生活中视觉提示的例子不胜枚举，也许我们没有特别留意它们，但谁都不能否认它们给我们带来了便利。如果没有了这些视觉提示，生活简直无法想象。既然视觉提示在生活中有如此大的作用，我们是否曾对孩子使用过同样多、同样丰富的视觉提示手段来方便他们的生活和学习呢？

二、为什么使用视觉提示

视觉提示在各种教育方法中都有运用，但在 TEACCH（孤独症和相关沟通障碍儿童治疗与教育）中强调得最多。TEACCH 的一个基本理念就是，不先入为主地把孤独症看作一种病，而是将其视为一种"文化"，因为这个群体拥有彼此相似的思维、饮食、着装、工作、休闲、交流等活动方式。[①]

具有"孤独症文化"特征的人，有这样一些基本的相似点，如思维方式的差异。他们无法理解事物的含义和相互关系；过分关注于细节；思维具体化，不善于抽象思维；难以安排和组织自己的活动；实践观念差，不善安排活动程序或不善等待，等等。如果逐一分析上述特点，可以发现这些由于思维差异导致的问题都能通过使用视觉提示的手段加以改善。比如，可以使用图片表示抽象的概念和关系；用图片来突出事物的主要方面以引起他们的特别注意；用图片表示时间的流逝；用图片提示活动的程序等。

另外，在学习方式上，许多孤独症儿童都表现出"视觉优势"的特征，也就是说，相对于听觉信息，他们更加擅长对视觉信息的输入和处理。有人曾经做了一个实验：在屏幕上，把三个数字按照 5、9、7 的先后顺序，以相隔不到 1 秒钟的时间依次出现（先出现 5，再出现 9，再出现 7），但他们的位置排列顺序和出现的时间顺序是不同的，如下图所示。之后，让被试者说出自己所看到的数字。

---

① 注：参见《孤独症和相关沟通障碍儿童治疗与教育》，[美]加里·麦西博夫等著，秋爸爸译，华夏出版社，2014 年出版。

```
┌─────────────────────────────┐
│    5         7         9    │
└─────────────────────────────┘
```

通常，一般人会按照数字出现的时间顺序正确回答。这说明，一般人在看展示的过程中，会依次将先后出现的数字在心中进行复述（5-9-7），也就是把看到的视觉信号转换成声音信号，然后加以记忆。而孤独症儿童则往往会回答"5、7、9"。可见，他们是依靠自己眼睛所看到的东西，即视觉信号进行记忆的。这和听觉障碍儿童的反应是相同的。这个实验印证了孤独症儿童存在的视觉优势的现象。之所以存在视觉优势，可能是因为他们的视觉接收系统先天就优于其听觉接收系统，另外，听觉信息是流动的、不断变化的，而视觉信息是固定不变的，因此更容易处理。有的孩子在理解语言时困难很大，但是却对看图片、认汉字有很大的兴趣，对图画过目不忘，拼图拼得又快又准，汉字学一遍就认识了。这就是他们视觉优势的表现。如果发现孩子有这样的特点，在教育和生活中应多使用视觉提示的手段和他们沟通，很可能会收到事半功倍的效果。

三、视觉提示的形式

视觉提示的形式有很多种，如果按照提示的外在形式进行分类，包括如下几个。

（1）使用颜色标记作为视觉提示手段

如，用不同颜色标记出不同区域，按区域摆放教学材料，区分属于每个孩子的用品（比如，小明的椅子是红色的，小华的椅子是绿色的），分割房间区域（如，红色区域是工作区，绿色区域是休闲区）等。

（2）使用图片作为视觉提示手段

如，展示学习活动的最终目标，展示日常规范或程序，提醒儿童适当的行为等。

（3）使用列表作为视觉提示手段

如，提醒儿童要带到学校或带回家里的东西，提醒儿童要做的事情及其步骤，提醒儿童要完成的学习任务等。

（4）使用线绳（或划线）作为视觉提示手段

如，指示出转换的路线，标记出需要排队等候的路线等。

（5）使用隔离物作为视觉提示的手段

如，利用家具或墙壁指示出转换的路线，挡住儿童逃避的路线等。

四、视觉提示的用途

1. 提示适当的行为

比如，有个孩子脾气十分暴躁，遇到不愉快、不称心的事情时总是控制不住自己。最严重的情况出现在中午或者下午在家里等待妈妈做饭的时候，如果他感到饿了妈妈却还没有做好饭，他就会打人，大喊大叫。为了帮助他学会自控，我们为他制作了一张卡片，上面用简单的图画表示出了在等待开饭时应该如何控制自己的情绪（像炸弹一样爆发是不对的，而是应该先让自己平静下来，然后去玩喜欢的玩具电话）。这种卡片能够像"笔记"一样，提示孩子在特定的情况下应该表现出怎样的行为。这种方式，比起大声斥责和训导来说，效果会好上千倍万倍。

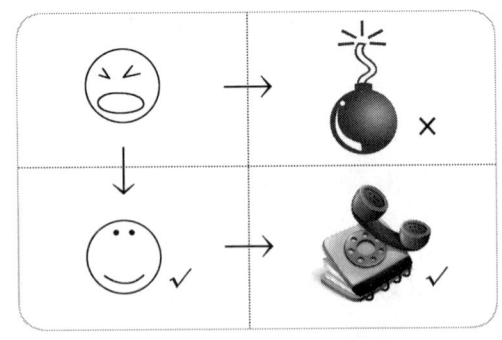

2. 告知孩子做事程序的提示卡

弄清做一件事情的先后程序，对很多孤独症儿童来说是比较困难的。如果我们用语言向他们解释，有时只会使他们更加糊涂，此时最好的办法依然是使用视觉提示。比如下图：

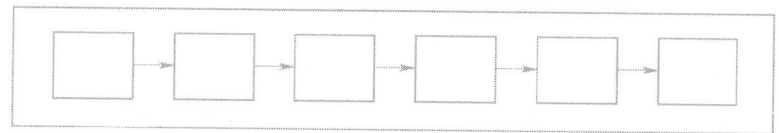

每个空格中，都用孩子能够理解的形式（文字、图片、照片等等）表示要做的事情或步骤。这样的卡片至少有两种用途：第一，它可以告诉孩子某件复杂的任务要分哪些步骤完成。比如，可以把"洗手"分解成"撸袖子""拧水龙头""冲水""打香皂""搓手""冲香皂沫""关水龙头""擦手"等步骤，然后把这些步骤以图片的形式逐个呈现在卡片上，贴在水池旁边作为提示。在结构化教学中，这种手段经常用来帮助孩子独立完成某项任务。实际上，在许多普通幼儿园里也经常可以看到这种提示。第二，可以利用这种形式告诉孩子某段时间内他要做的事情。比如，在上午的学习中，要求孩子逐个完成"拼图""颜色配对""剪纸""连线"四项任务，那么就可以把这四项任务分别以图片呈现并按顺序排列。每完成一件任务，就把图片取下来，表示任务结束并进入下一项任务。

这种提示卡最好用方便拆卸的材料制作。比如用厚纸板做底，用别针把单个图片别在上面，或者用魔术贴，以方便随时取下或替换。

3. 告诉孩子某项任务的最终要求

对一些较复杂的学习任务来说，通过语言告诉孩子要达到的最终目标是很困难的，这样的情况下就可以考虑用图形。比如，对于"按照图形串珠子"这项任务，如果用语言告诉孩子"你要按照图上画的珠子的颜色和形状一个一个地把对应的珠子串好"，孩子可能根本不能理解，而如果用下面的图片作为提示，效果可能会好很多。

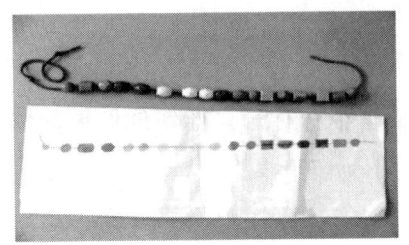

4. 作为给孩子提供反馈的手段

使用做事程序提示卡引导孩子按照程序完成各项任务时，每完成一项任务，就根据孩子的表现分别给予即时的评价。如果表现好就在相应的图片旁边贴上一张笑脸，反之就是哭脸。这样，视觉提示就能让孩子很清楚地明白自己的表现。还可以和孩子约定，每天要得到多少个笑脸，才能玩他喜欢的某种东西。这样，这些笑脸又成了很好的代币。

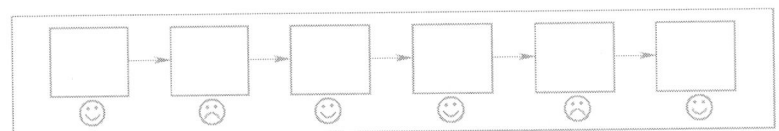

5. 随时提醒行为规范

如果您经常因为孩子吃饭或学习时不能老老实实地坐在凳子上而烦恼，那么可以尝试一下这个方法：把一张表示"坐好"的图片贴在孩子的桌子上，每当他要开始乱动时，就指一指图片以作为提示。

类似地，许多其他行为规范也可以通过图片的形式加以提醒。比如"别说话""排队""等一会儿"等等。

| 别说话 | 排队 | 等一会儿 |

6. 用图片表示自己的情绪、身体状态

| 我累了 | 我渴了 | 我饿了 |

在孩子感觉不舒服，或者有表达自己情绪的欲望时，就可以把相应的图片交给老师以表达。实际上，这与"图片交换沟通系统"（PECS）的方法是类似的。对于无口语的孩子来说，用这种方法进行表达是非常有效的手段。

7. 用图表的方法表示时间表

在结构化教学中这种形式采用得很多，在此就不再举例了。如果有兴趣可以参考关于结构化教学的相关资料。①

五、视觉提示应达到的要求

首先，视觉提示的使用要有针对性。视觉提示并非适用于所有儿童，所以使用时必须针对儿童个体进行分析，判断对他是否适用。通过平时的观察和家长的反馈，看该儿童是否存在视觉优势的特点，是否对卡片、文

---

① 注：可关注"华夏特教"微信公众号，获取相关资讯。

字等很感兴趣。如果判断不准，可以尝试在教学中使用不同的视觉提示手段，在实践中观察儿童的学习情况。

其次，要适当地选择视觉提示的形式。要根据孩子的功能水平选择能够理解的视觉提示。按照理解难度，从高到低的形式是：图片（简笔画和较形象的图画）、手势、照片、实物。这些形式是可以混用的，并非只能用其中一种。在给孩子使用某种图片作为提示之前，不一定要专门教孩子认识这些图片或手势，因为实际使用的过程就是逐渐学习的过程。通过反复的练习，孩子就会逐步理解图片或手势的含义。

也许有人会担心：大量地使用视觉提示会不会使儿童产生图片依赖，因而更少采用口语作为沟通手段？其实，这个担忧是不必要的。前面已经说过，我们所有人在日常生活中都会大量用到视觉提示，可我们并没有因为这些提示而拒绝使用口语。要知道，人与人之间的沟通包括了许多不同的手段，口语只是手段之一，手势、图画同样是重要的沟通手段。使用视觉提示进行沟通的能力得到提升后，孩子的总体沟通能力也就得到了提升，他与外部世界的联系变得更加紧密了，这对他语言沟通能力的提高有益无害。实际上，已经有研究证明了这一点。"图片交换沟通系统"的创始小组就曾做过一项追踪研究，发现教一批儿童学会使用图片作为主要沟通手段后，他们中绝大部分的语言能力非但没有受到阻碍，反而有明显的进步。

总之，视觉提示应当引起足够的重视。让我们充分发挥灵活性和创造力，细心、耐心地观察和了解孩子，勤思考，勤动手，设计出适合孩子的视觉提示方法，让他们从中受益。

【延伸阅读】综合运用图片提示

1. 自我管理记事本

前文讲到，用卡片可以提示孩子自己要做的事情。卡片要发挥这种功能，并不一定需要大人在场——卡片可以成为孩子自我提醒的工具。给孩子制作一个包含每天活动日程的记事本，教他学会参照记事本安排自己的活动，这是一种非常好的自我管理方法。

把孩子要进行的活动用图片表达出来，可以是简笔画、照片等各种形式，把它们按照活动顺序，或标上时间，放置在一个小的本子中。每完成一个活动，就把该页翻过，或在旁边做一个"完成"的标记（如打一个"√"）。

无论是在家里，还是在出门、上学时，都可以让孩子随身携带他的小记事本，为此要把记事本做得小一些，而且应当可以方便地装卸图片。我们可以从生活中寻找合适的材料。比如，将记事本单页塑封，当孩子完成某一页图片所代表的活动时，就用水笔在该页上画一个"√"，下次用时这个标记也可以不费力地就擦去。

还可以让孩子自己独立设计活动，然后帮助他（或者让他自己动手）制作成图片插入记事本。

2. 图片社交故事

社交故事是美国学者卡罗尔·格雷（Carol Gray）所提出的一套教孤独症儿童认识社交情景、学习社会行为的方法①。以讲故事的形式，通过描

---

① 注：参见《社交故事新编（最新修订版）》，[美] 卡罗尔·格雷著，鲁志坚、王漪虹译，华夏出版社，2018年出版。

述不同的社交情景，为孩子提供客观的信息和提示，让他们认识和理解不同社交情景中，可以被他人所认可和接纳的行为表现，从而增进其社会适应能力。社交故事没有固定的内容和格式，可以根据孩子常遇到的社交情景自己编写。但为了达到好的效果，卡罗尔提出小故事的语句应符合一定的类型。其中一个故事要包括的三种最基本的类型有：①描述句，对社交情景发生的地点、任务、事件进行简单的介绍；②指导句，告诉孩子在特定的情景下，需要或应该做些什么；③反应句，描述别人的感受和反应。在一个故事中，各种句子的比例也有一定要求。比如，指导句不能太多，一般一个故事包括一个指导句即可，不可超过三句，其他类型的句子也应尽量简短，且不能过多，以免孩子理解和接受时产生困难。社交故事既可以用第一人称（"我……"）讲述，也可以采用第三人称（"有一个小朋友，他……"）讲述。

社交故事可以用纯粹的语句来讲述，也可以借助图片的形式帮助孩子理解。和故事一起呈现的图片，不一定画出故事发生的画面，只需将其中的关键点表示出来即可。

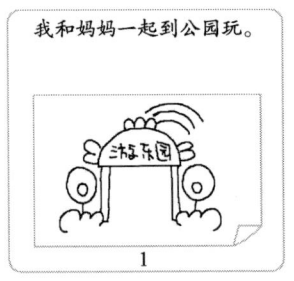

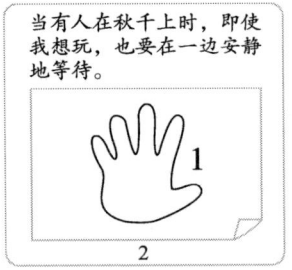

第五章 策略的综合应用

ABA 策略的应用
——综合运用实例

到目前为止,我们已经把 ABA 的所有策略介绍完了。在实际生活和教学中,某一个策略很少能够单独承担所有的任务,因此,需要综合地运用。为了加深理解这些策略,我们分析几个综合的例子。每个例子都包含着学习过的某几种策略,希望能给您有益的启发。

一、如厕训练

独自上厕所是一项很重要的技能,它是孩子适应学校、适应社会所必需的。但如何训练这个技能却令很多家长头疼,因为如厕包含了许多种能力,如精细动作能力、表达能力、自我管理和控制能力等。下面介绍一个训练孩子如厕的训练方案,其中运用到了不少之前介绍过的策略。

第一步:做好预备工作

开始训练之前,您应该首先咨询一下医生,检查孩子的身体状况,了解是否存在医疗方面的问题阻碍训练的进行,并且要考虑孩子的身体发育状况和实际年龄(很多情况下,低于 2 岁的孩子不应也不必进行如厕训练)。

有一些前期的预备技能很重要,主要

包括：

◇ 如果孩子能够忍住大小便达到一段较长的时间（半小时到一个小时），那么进行本训练就会容易一些。

◇ 孩子的运动和动作技能也很重要。如果孩子已经具备独自站立、坐下、走路等能力，那么训练就会容易进行，因为上述各个技能都是如厕技能的重要组成部分。不过经验也表明，即使儿童在刚开始训练时并不具备这些能力，也可以有效地训练。

◇ 为了使孩子完全独立地达到目标，应该教他掌握一些穿衣服的技能（比如，脱裤子、提裤子、拉拉链或解纽扣等等），而这些技能的学习，又要求孩子具备一定的抓握技能和精细动作、手眼协调能力。这些能力对其他一些动作（比如，擦屁股）也是很必要的。

必要的情况下，在开始如厕训练前可以对孩子进行上述预备技能的训练，这样可以使最终的训练进行得更顺畅。有一点要指出的是：上述的预备技能并不是必须要事先全部掌握的，实际上一些技能可以在大小便训练过程中自然地掌握。如果孩子没有掌握某些预备技能，也可以想办法避开可能带来的困难。比如，一些有关穿衣的技能，如果你给孩子穿松紧带裤子，那么即使他不会系纽扣、拉拉链，照样能够自己提好裤子。

在确定学习目标之前，了解孩子的现有水平，以此为基础确定目标，这在塑造、刺激控制等策略的实施中，都是非常必要的。

第二步：训练前的筹备

在确定孩子已经具备一定预备技能之后，仍需做一些细节上的筹备工作。首先，要找一个合格的"协调员"，他的任务是确保在不同场所实施训练的所有人员对训练计划、细节操作等问题想法统一、步调一致。

同时，要确定好训练计划实施的日程表。比如，确定训练开始的日期，每天训练的时间表。要注意，确定的时间表要把孩子醒着的所有时间都涵盖在内，也就是说，只要孩子是醒着的，训练计划就要对当时当地如何实施训练做出安排。为了使训练保持连续性，可能需要对孩子的生活环境进行一些调整。

另外，一些帮助孩子沟通的工具也应事先准备好。如果孩子还不能很好地表达，那么准备一些图片就是必要的。比如，一张画有小孩上厕所的图片，用于辅助孩子表达上厕所的意愿——当他想上厕所时，可以通过指图片的方式告诉大人。

还应该保证上厕所对孩子来说是较为容易的，换句话说，就是要为孩子的独立行为消除所有的障碍。假如马桶太高了，那么就应该考虑为孩子购置一个便盆或者在马桶旁边放一个小凳子好让孩子能自己坐到马桶上去。

训练过程中需要用到的强化物也一定要事先准备好（关于强化的选择和使用方法，请参考第二章第三节"强化和强化策略"）。

第三步：协调工作

如前所述，保持训练的连续性和一致性非常重要，它是本训练计划能否成功的最关键因素。实践证明，凡是保持不了连续性和一致性的计划，虽然也能看到孩子的进步，但要达到大小便完全自理的目标会很困难。所以，必须预先做好安排，确保在孩子生活的所有场所内，都可以一致地实施本训练。

首先，物色一个合适的协调员。在训练开始前，要挑选一个适当的人来担当"协调员"的角色。这个人必须要有足够的热心和兴趣参与孩子的大小便训练，并且应该是与孩子的日常生活密切相关的一位。孩子的老师、父母、保姆等等都可以当协调员，但有一条需谨记：协调员本人必须自愿担当这一角色，并且有足够的责任心。

协调员的首要任务是协调好本训练在不同生活场所下的实施工作。要完成好这个任务需要做很多工作，其中最重要的是确保所有参与训练的人员愿意也有能力进行训练，也就是说要使他们能够理解并执行训练中的所有环节。在训练正式开始之前，可以通过召集大家聚到一起共同讨论的方式来达到这个目的。在这个准备会上，应完成如下的工作。

第一，要把训练的各个步骤详尽地向所有训练人员说明和解释清楚。应当发给每人一份训练说明和若干张记录表，相应地也要教给他们填写记录表的方法。应向他们强调清楚，训练的每个步骤都很重要。在某些场所可能会遇到的困难也应该拿出来进行讨论，预先设想好应对的办法。

第二，要建立一个机制确保计划实施的持续性和有效性。孩子可能去到的每个场所都应安排一名训练员专门负责该场所中的训练。比如，在学校由某位老师负责；家里由妈妈负责；周末参加感统训练时由送孩子的爸爸负责……对于某些特殊的场所（比如，学校操场、商场等离厕所比较远的地方），要讨论解决的办法。再比如，如果孩子每天要花大量时间在公交车上，那么就应该考虑换一种交通方式，让孩子随时都能尽快赶到厕所。总之，这些措施的目的是保证无论孩子在什么地方，训练都可以及时有效地进行。

第三，商定好一个合适的开始日期。要注意，在本训练开始的初期，孩子的生活不应有大的变动。比如，快放假的时候，或孩子马上要转学的时候，不应该开始本训练。在准备会上，来自各个地方的训练人员应该注意这一点，共同商定一个合适的日期开始训练。

协调员的工作还包括另外一个重要的方面，就是在孩子生活的各个场所之间进行沟通。协调员要负责监督记录表的填写情况，并且和所有的训练人员保持密切的联系。这样才能及时反馈、讨论和解决训练过程中遇到的问题。建议由协调员每天电话联系各位训练人员，至少在训练的最初阶段应该保持每日的联系。

训练一旦正式开始，协调员就要负责统筹安排一切，保证训练顺利进行。如前所述，协调员应该每天电话联系各个训练人员（至少在初期阶段应该做到这一点），检查记录表的填写情况以便解决遇到的问题。假如最初的预备会议效果良好，各位训练人员统一思想、行动一致，那么训练的执行应该不成问题。但是协调员要保持警觉，要能够及时发现训练执行过程中遇到的问题，比如，个别训练员可能私自调整训练步骤，不认真填写记录表等等。要预防和解决这些问题，要求协调员不定时地监督和检查训练的执行情况。

如厕训练记录表

地点	日期	时间	尿裤子（大便/小便）执行过度练习遍数	带孩子上厕所（大便/小便/无便）	自发主动上厕所（大便/小便）

与各位训练人员保持密切的联系，能使协调员及时掌握训练过程中发生的特殊状况。比如，孩子每日的例行活动顺序被打乱的时候，协调员应该及时调整训练方案，以保证训练能正常进行。

对孩子实施教育训练的人，应统一思想、行动一致，保证训练的连续性和一致性，避免造成预料之外的事件，影响教育效果。这在实施许多策略时都非常重要，例如"消退"，就应做到"人人消退，时时消退"（关于消退策略实施的要求，请参考第三章第一节内容）。

第四步：正式训练

本训练方案的各个步骤是从一些已经被实践验证了的重要原则、方法上引发创造出来的，尽管是博采众长的产物，但它仍是自成系统的。所以，要注意对本计划的实施必须系统一致，任何哪怕是小小的偏离都有可能延缓孩子的进步。

本训练方案包含五个基本的部分。

(1) 预先安排机会，以便定时进行如厕练习

这样做的目的是多让孩子上厕所，练习的机会越多，进步的机会就越多。每个小时至少要安排孩子上 1~2 次厕所才好。同时，还要注意在某些活动后孩子需要去厕所的可能性比较大，这些时候也都是练习的好时机。比如，孩子吃完饭、喝完水以后。

(2) 表达意愿的训练

在辅助孩子走到厕所之前，训练人员应该先问孩子："你要上厕所吗？"然后辅助孩子说"我要上厕所"。或者辅助孩子通过其他方式（如打手势、指图片）表明自己想上厕所。

教孩子使用图片进行沟通，是视觉提示手段的具体应用（关于视觉提示，请参考第四章第三节的内容）。当然，这个训练的时间应当是有规律的，并且尽量在你认为孩子有便意的时候进行。在孩子表达后（无论是否在大人辅助的情况下），马上带孩子到厕所去，然后就可以进行如厕各个步骤的训练。考虑到训练主动性的需要，每当孩子主动要求上厕所的时候，即使此时不是预先设定的练习时间，也要马上带他去。

辅助孩子表达意愿后，马上带他去厕所，实际上是对表达行为的一种强化。此时无需额外的物质或社会强化，满足孩子上厕所的要求，是一种自然的强化（请参考"强化物和强化策略"关于自然强化方式的内容）。

(3) 如厕步骤的训练

在孩子上厕所的过程中，应该给予孩子必要但尽量少的提示和辅助，使他完成所有步骤。首先，应当对如厕的各个动作进行具体的分解，例如：走到厕所、脱下裤子、坐在马桶上、大（小）便、（擦屁股）、提起裤子、冲马桶、洗手。可以考虑将这些步骤都画在图片上，贴在孩子能够很方便看到的墙壁上，以随时提醒孩子。这里实际上在采用串链的策略，将任务进行分解，然后在训练中将各个步骤连接起来。如厕训练最好采用"同步呈现"的串链方式，即在一次训练中辅导完成所有步骤（任务分解的方法以及各种串链方式，请参考第三章第五节有关的内容）。

在刚开始训练的几天（或几周，视孩子的进步情况而定），除了视觉提示外，还要给予孩子其他方式的辅助，包括躯体辅助——手把手地教孩子；示范辅助——给孩子演示正确的动作；姿势辅助——用手势提示孩子要做什么以及怎么做；言语辅助——轻声告诉孩子下一步要做什么以及怎么做。除了这些方式外，也可以考虑采用录像的方式，由一名成人演示整个过程，录下来，在孩子上厕所的过程中，给他观看每个步骤作为提示的手段（各种辅助方式请参考第三章第四节刺激控制策略的内容；录像的辅助方式请参考第三章第五节串链策略）。

总结一下，本部分的步骤包括：

◇ 安排频繁的练习机会。

◇ 在上厕所之前，辅助孩子提出上厕所的要求（无论用口头表达的方式还是用手势动作的方式）。

(4) 随时对孩子的适当行为给予强化

如果孩子上厕所的时候表现不错（比如，尿到马桶或便盆里面），就要给予强化。一般来讲，强化要包括社会性强化（"真棒！你把尿撒到马桶里啦！"）。可以在社会性强化的同时或之后伴随一些物质强化，比如给孩子一点喜欢吃或喝的东西，或者进行他喜欢的某项小活动。必须要注意：给予孩子的强化是有效的，也就是说必须是他所喜欢的。强化物的选择对训练的成功与否至关重要，不管多强调它的重要性都不过分。当然，并不是说孩子每次表现好时都要给予强化，在孩子能够表现出比较稳定的进步后，就要考虑淡出强化，这样才能使强化更为有效（关于强化的方式、强化程序，请参考第二章第三节"强化物和强化策略"）。

（5）上厕所时间之外的常规工作——检查裤子

这一步骤有两个主要目的：一是及时发现意外情况，二是当孩子没把裤子尿湿时给予奖励（强化）。

在上厕所间隙，每隔一会儿（如5分钟或10分钟），就要辅助孩子去摸一摸自己的裤子是不是干爽的，如果是，就表扬他（"真棒！你没尿裤子！"），并且不时地给予强化。这是一种差别强化的方式——"消退坏行为，强化'不做坏行为'（尿裤子）的行为"（具体请参考第三章第二节"差别强化"）。

（6）意外情况：尿裤子的时候进行"过度练习"

每当孩子把裤子尿湿了的时候，就要立即进行过度练习程序，该程序包括如下的步骤：

①态度坚定地告诫孩子："不好，你尿裤子了！"和孩子说的时候可以蹲下来，用手扶着他的肩膀，让孩子看着你。

②无论孩子是否已经把大小便全部便出来了，都要马上带孩子去上厕所大小便，在此过程中，要注意运用适当的辅助，且尽量不带有愤怒的情绪导致辅助动作过大。

③从厕所出来之后，带孩子换衣服，在此过程中注意采用适当的辅助促使孩子尽快完成。

④换好衣服后对孩子说："你尿裤子了，现在你得练习上厕所。"然后带孩子从头到尾地完成上厕所的程序至少3遍。每次练习都尽可能在靠近他尿裤子的地点开始。整个程序大致如下：走到厕所；脱下裤子；在马桶

上坐一会儿或在马桶前站一会儿（3~5秒，不一定要排便，其实这时也不大可能便得出来）；站起来；提上裤子；带孩子返回他尿裤子的地点。每一次的步骤都应当相同，整个过程中孩子可能会有不满的表示，要保持冷静、坚决的态度，保证训练按要求的遍数完成。

⑤在上述所有练习完成之后，孩子才可以继续他之前的活动。

关于上述的过度练习程序，有以下几点需要注意。第一，在发现孩子尿裤子后，要立即开始过度练习程序。第二，在练习过程中，训练人员要保持严肃的态度，尽量喜怒不形于色。第三，练习过程中辅助程度要适当，尽量少地给予辅助，这样才能促使孩子更加独立。第四，过度练习至少要重复3遍。训练过程中，如果孩子哭闹发脾气，也绝对不能中止训练。训练人员应该坚持严肃的态度，这样能使孩子很快地意识到哭闹是没有用的。如果过度练习能够及时、完整、一以贯之地执行，那么孩子不久就能学会把大小便便在厕所里而不是便在裤子里（过度练习的内容请参考第三章第六节惩罚策略中的内容）。

第五步：训练的进度安排

训练的最初几天是最重要的时期，孩子正是在这段时间内的每次训练中体会并学习上厕所的过程。为了让孩子更好地学习，每位训练员都应该对孩子的每次成功和失败非常敏感，并且适当地应对，将训练严格而连续地坚持下来。如果训练员们都能忠实地执行本训练方案，那么在一周之内就可以看到成效。协调员应该担负起责任来，保证每位训练员操作的规范性和持续性，重视记录表的填写，这样才能将孩子在各个场所的表现统一起来，整体上把握孩子的进步情况。

可能有的孩子进步快，有的孩子进步慢。进步的快慢取决于很多因素，比如，训练的持续性、效率，训练初期孩子成功的次数、孩子在训练前的预备技能是否扎实，等等。如果训练过程中训练员不能敏感地发现孩子尿裤子的情况并及时处理，孩子的进步就可能受到阻碍。

在连续三天都不在任何地方尿裤子的要求没有达到之前，孩子的大小便定时练习都必须不间断地执行。

在"连续三天没有意外"的目标达到后，仍需不断地执行"检查裤子"这一环节。如果检查时发现孩子的裤子是干爽的，那就及时奖励他；如果发现孩子尿裤子了，就要执行过度练习程序。

当孩子能连续一个星期不尿裤子时，可以逐渐撤除"检查裤子"的环节。这个时期，万一发生意外情况，仍然有必要执行过度练习程序。当然，如果孩子尿裤子的情况很少发生了，过度练习程序就不像训练初期那么重要了。

当孩子连续一个月都没尿裤子时，本训练就算大功告成了。当然，不排除以后孩子出现再尿裤子的情况，不过那个时候的原因就不是孩子不懂得上厕所了（有很多实例表明，有的孩子会出于引起注意或逃避任务等原因而尿裤子）。此时要进行行为功能分析，找到孩子尿裤子的真正原因，进而有针对性地处理（关于如何分析行为的功能、原因，参见第一章第二节的内容）。

【延伸阅读】几个相关的问题

1. 孩子的主动性怎么训练？训练后我们的孩子能有多独立？

孩子的主动性取决于若干个因素，包括：厕所里的设施对孩子来说是不是方便易用，你是不是鼓励孩子的独立性等等。在一些场所，孩子在上厕所前可能得先向老师打个报告，比如教室。在其他一些场所，孩子可能要学会在没有大人监护和辅助的情况下自己上厕所，比如公园。孩子独立的程度在不同的场所是不一样的。另外，不同的步骤对孩子独立性的要求也可以有所区别。例如，几乎所有的孩子在学会控制大小便后，在一段时间内可能还需要大人帮忙擦屁股。

2. 本训练要做多长时间？

需要做多长时间才能达到训练目的,这个问题取决于诸多因素,比如:训练进行的持续性、每天训练的次数等等。有些无口语或者生活自理能力很差的孩子,在一个星期内都表现出了很大的进步,在几周内就完成了训练。其他一些孩子可能需要长一点的时间才能完全学会。只要本训练方案所规定的各个方面都得到认真的执行,那么在每个孩子身上,都能在几周内看到初步的进步。

3. 孩子平时总是戴着尿不湿,在训练的时候能不能继续给他戴着,免得弄湿裤子?

不行。孩子戴着尿不湿是不可能学好上厕所的。在训练期间,应该给孩子穿普通的内裤。训练初期孩子尿裤子是很正常的,即使是普通孩子不也经常尿裤子吗?所以不用怕。如果你觉得在某些地方(比如一些公共场所)处理秽物实在太麻烦,可以暂时先别带孩子到这些地方去。

4. 有没有办法能加快学习的进程?

有。如果孩子每天都有相当的时间待在固定的场所(比如在教室或在家里),可以多给孩子喝水,以增加训练的时机,从而也最大限度地增加成功的机会。在训练开始的初期,用这个办法进行集中的训练能促使孩子较快地进步。但是要注意,只有当训练能很顺利地进行时,才可以采用这个"加速"的办法。所以,在训练不易进行时多给孩子喝水就不是一个好主意。比如,孩子马上就要放学的时候,在外面玩的时候,身体不好或者情绪不好等不易参加训练的时候,最好别多给他水喝。

5. 要是孩子在训练时哭闹或者不顺从怎么办?

基本上所有的孩子都会哭闹或者通过别的方式拒绝接受新的规则或任务。在训练初期,这一点极为常见,也是很正常的。如果孩子哭闹了,或者有其他不顺从的行为,训练者应该忽视孩子的问题行为,继续训练直到所有程序结束。训练过程中,训练者应该严肃认真,向孩子传达这样的态度:训练的每个步骤都是必需的。如果能做到不管孩子有多么抗拒,都能把所有训练步骤坚持完成,那么孩子一定会意识到无论如何训练都是要进行下去的。这样他哭闹的行为很可能会减少直至消失。在实际的训练中,我们总是能看到这样的情况。

二、减轻恐惧情绪

阳阳,4岁,3岁时被诊断为孤独症,目前在一个训练机构参加训练。几个月来阳阳表现很好,进步不小,可就是有一个问题一直困扰着妈妈。在诊断之前,阳阳就已经学会了自己到厕所大小便,但是来到南方后,阳阳在出租的房子里就是不肯上厕所,经常尿裤子,当妈妈带他去卫生间时他也表现出特别的抗拒情绪。妈妈感到很困惑,为什么阳阳在大小便自理方面退步了呢?

在和机构的老师沟通后,妈妈请老师来到了家里。经过多次观察,老师发现,阳阳是可以在卧室里用便盆大小便的。妈妈也同意这一点,因为阳阳晚上从来没有尿过床,懂得自己下床到便盆里小便。由此,老师和妈妈初步得出结论:阳阳只是不愿意进卫生间,而不是大小便的控制出现了

问题。老师发现,阳阳在邻居家玩的时候,是不抗拒进邻居家的卫生间的。而邻居家和阳阳家都是同样户型的房子,卫生间的布局也是类似的,唯一不同的是阳阳家卫生间的马桶是蹲式而不是坐式。这是不是造成阳阳抗拒进自家卫生间的原因呢?老师决定亲自带阳阳进自家卫生间,通过细致地观察他的表情和身体反应判断这一点。果然,阳阳一进到自家的卫生间,就很紧张地把头一直扭着,避免朝向马桶的方向。经过这样的观

察，老师终于得出结论：阳阳是对蹲式马桶里的黑洞产生了强烈的恐惧。据妈妈讲，自己家里的马桶是坐便式的，不像南方这样的蹲式便池，看不到洞。刚来的几天阳阳因为不适应新环境而有些不安，爱哭闹，有一次妈妈为了吓唬阳阳说洞里会跑出妖怪来，从那时起阳阳就再也不肯进这个卫生间了，甚至都不肯在客厅里玩，因为客厅是和卫生间挨在一起的。阳阳妈妈为此跟他解释、澄清了很多次都没有用，他总是消除不了对卫生间的恐惧感。

妈妈和老师共同完成了一次行为分析，找出了阳阳大小便出现问题的具体原因，这就为下一步的训练和矫正提供了方向。

如何让阳阳不再害怕进卫生间呢？老师和妈妈一起为此制订了系统的计划。最终的目标是让阳阳消除对便池的恐惧感，不再害怕在租住房里的卫生间大小便。因为阳阳已经能够独立在家里的卫生间上厕所，所以为其设立这个最终目标是可行的，经过努力一定能够达到。

首先，设法让阳阳习惯于在客厅里玩耍。为了达到这个目标，老师和妈妈在客厅里不靠近卫生间的地方摆上一块地毯，在一旁的小柜子里放上许多阳阳喜爱的玩具，如小老虎、小狮子等等。每天从机构里放学回家后，妈妈就带阳阳坐在地毯上玩。在这里妈妈不给阳阳任何压力，他想玩什么就玩什么，想怎样玩就怎样玩。这样过了几天，阳阳喜欢上了这块区域，每天放学后自己就跑到这里开心地玩起来。

之后的每天，老师和妈妈都会悄悄地把地毯和小柜子向靠近卫生间的方向移动，由于移动的幅度很小，阳阳并没有察觉。这样过了一个多星期，阳阳放学后玩耍的区域已经来到了靠近卫生间的位置。直到这个时候阳阳也没有表现出任何不适应，依然喜欢在这里玩耍。

接下来，老师和妈妈开始实施下一步策略：每天在地毯上自由玩耍的时候，妈妈就会要求阳阳帮她把挂在卫生间门上的一条毛巾（或一块手帕、一串钥匙等小物件）递给妈妈（卫生间的门是关上的，毛巾事先由妈妈挂好)。开始这样做的第一天,阳阳显得有些害怕,不敢过去拿毛巾,但是在妈妈的鼓励和协助下(跟在阳阳后面适时地推一推他),最后还是拿回了毛巾。妈妈这时高兴地大声夸赞阳阳"真是妈妈的好孩子!谢谢你!"然后拿出了更多好玩的玩具给阳阳继续玩。这里,妈妈采用了辅助和强化的策略(请参考刺激控制策略及强化物和强化策略的相关内容)。这样的策略实行了四天,阳阳已经可以独立去拿毛巾(手帕、钥匙等)了。

后来,在地毯上玩耍时,妈妈特意把卫生间的门打开,并且在门上挂一些阳阳平时喜欢的贴画。刚开始的时候,阳阳看到卫生间的门开着,显露出有点害怕的样子,不敢面对卫生间坐着,眼睛偶尔向卫生间瞟几下。但当他看到门上挂着的贴画时,又不禁多看几眼(因为妈妈特意在平时收起来这几张贴画,阳阳只有在卫生间的门上才可能看到它们)。每当阳阳偷偷地瞟贴画时,妈妈都细心地观察到了,这时她会引导阳阳将身体转向贴画,用夸张的语气说:"看!多漂亮啊!"这样过了几天,阳阳慢慢地能够适应卫生间的门打开着了。阳阳喜欢的贴画在这里成为他扭头看卫生间门的强化物,这是一种自然的强化物(转向卫生间门——看到喜欢的贴画,是自然的而非外部强加的结果)。妈妈特意收起贴画,让阳阳只有在卫生间的门上才能看得到,实际上,这是在利用"剥夺原则"增强强化物的效能(详见"强化物和强化策略"一节的相关内容)。

接下来,妈妈对阳阳又提高了要求——在玩耍过程中到卫生间里拿毛巾。这一步比较困难,因为阳阳此时对进入卫生间依然十分抗拒。通过类似于前些天的训练,阳阳后来也慢慢愿意到卫生间里去了,但时间还很短暂,并且拿到毛巾后就马上跑出来,很害怕的样子。不过每次他完成后妈妈就会给他一个大大的奖励:不光带着他继续玩玩具,还会给阳阳一些他喜欢的花生米吃。这样过了一个多星期,阳阳渐渐地敢进到卫生间里去了。

下面阳阳妈妈和老师准备开始实行最为关键的一个步骤：让阳阳站到便池上去取挂在便池上方的毛巾。为了减少阳阳的恐惧感，她们在便池的洞上盖上了一张报纸。在提出这个要求的第一天，阳阳表现出不小的恐惧感，妈妈要稍微使劲才能把他推到便池那里，而且要手把手地帮阳阳取下毛巾。之后的几天，妈妈逐渐感到协助阳阳不再需要那么大力气了，阳阳已经不再那么害怕了。接下来，妈妈把盖在便池上的报纸中间撕了一个小洞，并且逐步把洞撕大，最后撕得和便池的洞一样大了，就撤去了报纸。这样，妈妈和老师终于逐步消除了阳阳对便池的恐惧感。自从不再害怕便池后，阳阳恢复了在卫生间大小便的好习惯。

从整体上看，这个例子是在实施塑造的策略，即不等最终的好行为（进卫生间大小便）出现，只要出现接近好行为的行为（在离卫生间不远的地方玩耍，看卫生间门，到卫生间门口拿毛巾，到卫生间里面拿毛巾等）就给予强化，直到最终阳阳达到进入卫生间大小便的要求。在实施该策略的过程中，妈妈对环境做了很多的调整，以帮助阳阳克服恐惧感，比如，在卫生间门上挂贴画，在便池的洞上盖报纸等，这些可以视为"前提控制"的策略，即考虑孩子的特点，通过调整环境避免可能出现的问题行为（具体内容参见有关塑造和前提控制策略的内容）。

三、帮孩子改掉挑食的毛病

很多家长都为一个问题头疼不已：孩子只肯吃某些食物，或者对某些食物十分抗拒。这对孩子的营养均衡和身体发育很不利，但孩子们往往很固执，不吃就是不吃，又很难强制他们吃下不爱吃的东西。如何帮孩子改掉挑食的毛病呢？

首先应该找到孩子挑食的原因。孩子挑食的可能原因有很多，比如：对某种食物过敏；对某种气味或味道十分敏感；不喜欢某种食物咀嚼起来的感觉；咀嚼能力欠佳，不喜欢吃比较硬的食物；不喜欢某种颜色的食物等等。

找到这些原因需要生活中仔细认真地观察。当然,有些情况下,孩子们挑食的真正原因是说不清的,不过这并不等于说我们就没有办法帮他们改掉挑食的毛病。

有时,咨询医生或者营养师是必要的。医生可以提出建议是否需要做某种检查,以确认孩子的特殊饮食习惯有没有生理原因,或者检查孩子是否对某种成分过敏。而营养师则可以帮助我们搭配合理的食谱,想办法在孩子挑食的问题改善之前尽量均衡营养。

在日常饮食方面,还要注意如下几点。

第一,为孩子的进食创造一个有安全感、舒适的环境。这里所说的环境主要不是指物质环境,而是指抽象意义上的环境,包括吃饭的常规——每天吃饭的时间最好固定,让孩子适应这样的常规,从而避免吃饭时出现情绪困扰,影响我们纠正其挑食的效果。吃饭时不要做其他无关的活动,以免影响进食。另外,吃饭前、吃饭时一定不要威胁、打骂孩子等。

第二,要加强孩子的体育锻炼,适度增加孩子户外活动的时间。这能帮助孩子增进食欲和消化功能。关于消化功能,必要时可以考虑用一些辅助消化的药物,如多酶片、食母生片等,但一定要在医生指导下用,不能随意使用药物,也不能依赖药物解决问题。

第三,吃饭前不要吃零食,尤其不吃孩子特喜爱的零食。

第四,对孩子的食物加以必要的处理,使孩子咀嚼、吞咽它们没有困难。

ABA的哪些策略可以帮助我们纠正挑食问题呢?以下列出几个策略,请您思考可以具体采取的做法。

在孩子的饮食中逐渐掺入他不喜欢吃的食物成分，比如，将孩子不喜欢吃的蔬菜做成菜泥、小丁，掺入他喜欢吃的食物里面，或者包到饺子、馄饨、包子、烙饼、蛋卷里。一定要注意，从非常小的量逐步增加。在吃馄饨时，掺入少量的青菜，多次反复，让孩子逐渐习惯。这是塑造策略的运用。

在孩子能少量摄取过去不吃的食物时，应当给予强化——运用强化策略。应采用那种强化物？如何强化？应采取何种强化程序？是否使用代币强化手段？这些问题都是使用强化策略时应当思考的。

吃饭的时候，家长要带头吃各种食物，包括孩子不喜欢的食物，让孩子跟着模仿。即使家长由于某种原因不想吃或不能吃某种食物，也不要在孩子面前表露出来。另外，如果观察发现孩子在夹取某些食物时存在困难，则应给予孩子必要的辅助以减少他的困难——这可以部分地视为刺激控制策略的运用。

最后要注意的是，如果孩子实在不愿吃，最好不要过于勉强，不妨等孩子感到饿了的时候再吃，挑食是需要慢慢纠正的，不可心急。

四、共同注意的训练

所谓共同注意，就是和别人共同注意某件物品或事情。在外在行为上，它表现为追随他人的手势、视线；在他人和物品间转换视线；通过手势或视线吸引他人注意等等。共同注意的缺陷是有孤独症的儿童最常见的表现之一。很多孤独症儿童在此方面的缺陷表现在质和量两个方面，不仅发展滞后、最终水平较低，而且在行为表现上也存在异常，比如习惯于看别人的手指而不去看手指所指示的方向。对于语言、

社会技能等领域的发展，共同注意有着重要的影响。不少专家都认为，对共同注意的训练能够促进和带动其他领域的发展。

如何训练孩子的共同注意呢？请看下面的训练方案，其中体现着ABA的原理和策略。该方案的特点主要体现在以下几个方面。

第一，在自然的家庭生活背景中进行，而不是在一对一的密集教学中进行。这样能使孩子的共同注意技能表现得更自然，也更容易泛化到其他的生活场景当中去。

第二，在日常生活中，尊重孩子的兴趣，让他有自主安排活动和自发表现的机会，家长则以孩子的活动为中心，适时地寻找机会，来激发共同注意。

第三，不局限于关注共同注意的行为表现，更注重其实质功能的培养，重视儿童社会动机的激发。共同注意不应仅仅理解为外在的行为，而更应看到其背后的实质意义，即社会互动的兴趣和能力。所以在训练共同注意时，应当把激发儿童参与互动的兴趣作为重点考虑的问题，可以采取一些措施，比如让孩子自主选择玩具，在和孩子的互动中，以他的兴趣程度高低决定用何种玩具作为刺激物或强化物；少使用物质性的强化手段，多采用亲子间的互动（如儿童喜欢的挠痒痒、"蚂蚁上树"等活动）等社会性强化手段。

训练的过程分为如下四个阶段。

（1）物品注意反应阶段

家长拿出玩具在儿童面前出示，或在儿童视线内摆弄玩耍，引导儿童注意该动作。

（2）目光对视训练

家长通过拍手或叫名字等方式，吸引儿童和自己目光接触，如果儿童注视家长两三秒钟以上，则给予强化，否则重新开始，并给予适当的辅助，如轻轻扳动孩子的头，或者碰一碰孩子的脸使他转向大人。前两个阶段根据孩子的表现情况，可以持续几周的时间，当儿童能够在 80% 的情况下作出正确反应（即注意家长出示的玩具，或建立目光对视）时，就进入下一阶段的训练。

(3) 高强度刺激触发共同注意阶段

本阶段，家长通过刺激强度从高到低的两种方式训练儿童的共同注意，这两种方式分别为"言语 + 手势""手势"。言语刺激包括叫孩子的名字、"看！妈妈/爸爸有这个！"等，手势刺激包括出示物品、用手指物品等。在教学时，家长首先吸引孩子的注意，然后用言语、手势等方式指向一个事先放好的玩具（一边说"看！妈妈/爸爸有这个！"一边用手指，该玩具要处于孩子视野内但够不到的地方）。如果孩子将视线投向玩具，并能持续 3 秒以上，家长就将玩具拿来和孩子玩 5~10 秒钟；如果孩子未出现上述反应，则重新开始前几个步骤，并给予适当的辅助。

(4) 低强度刺激触发共同注意阶段

本阶段训练与第三阶段形式基本相同，只是将刺激强度降低，变为"言语"和"眼神"（成人将目光转向目标物）。也就是说在教学时，家长吸引孩子的注意力后，用言语、眼神的方式指向一个事先放好的玩具（对孩子说"看！妈妈/爸爸有这个！"并将视线投向玩具，但并不用手指），引导孩子注意该玩具。其他步骤和第三阶段相同。

在和孩子的活动中，每天提供练习共同注意的机会保证不少于 20 次，但不多于 30 次，以防止产生疲劳和厌烦情绪。这样经过逐步降低刺激强度的训练，辅以辅助、强化等手段，能够有效地提高孩子的共同注意技能。

两种综合方法
——行为契约和代币系统

本节以行为契约和代币系统为例重点介绍前提控制策略的综合应用。

一、行为契约

所谓行为契约就是和孩子就其行为达成一个约定。在学校课堂中，尤其在西方国家，行为契约被很多老师用来管理学生的行为。实际上，孩子在学校的行为和在家里的行为都是相通的，所以我们也可以把它应用到家庭教育当中来。行为契约这种方法集中应用了 ABA 的一些策略，这些策

小强的行为契约

我们约定，如果在未来的三个星期里，小强能：

* 按时把妈妈当天布置的 10 个小手工全部完成，就可以从下面所列的奖励中选择任意三个。
* 按时完成妈妈当天布置的 10 个小手工中的 9 个，就可以从下面所列的奖励中选择任意两个。
* 按时完成妈妈当天布置的 10 个小手工中的 8 个，就可以从下面所列的奖励中选择任意一个。

小强可以选择的奖励：
☺ 和妈妈玩一会儿扑克牌
☺ 喜欢吃的小甜饼
☺ 在睡觉前玩 10 分钟电脑游戏
☺ 看一集动画片
☺ 吃晚饭时可以用勺子不用筷子

记录

星期一	星期二	星期三	星期四	星期五	星期六
按时完成了__个手工	按时完成了__个手工	按时完成了__个手工	按时完成了__个手工	按时完成了__个手工	按时完成了__个手工

额外的鼓励：

如果连续三天，小强都能按时完成全部 10 个小手工，就可以从下面选择一个奖励：
☺ 周末爸爸带小强去游乐场玩
☺ 去表姐家玩变形金刚

我们同意前面的约定

　　　　　　　　　　　　　　　　　　　_____（小强）
　　　　　　　　　　　　　　　签字：_____（妈妈）
　　　　　　　　　　　　　　　　　　　_____（爸爸）
　　　　　　　　　　　　　　　　××××年×月×日

略在前面的章节中都给予了介绍，因此在本节中将不再具体详细地说明，只是给出一个使用行为契约方法的大体框架。和其他所有方法一样，在使用它时，需要我们理解其背后的原理，根据孩子的具体情况，有针对性地调整，灵活地执行。

行为契约的形式是多种多样的，有的简单，有的复杂。它也可以包含不同的内容，但一个契约要发挥很好的功用，有几项内容是最基本的。下面就结合上面的例子看一下一个行为契约应当包含哪些基本内容。

（1）契约中的相关行为必须是看得见、摸得着的外在行为，便于观察和评量。

前边介绍行为概念时曾经提到，在分析孩子的行为时应当想得尽量具体。在订立契约时，也要满足这个要求。其好处在于，可以很清楚地判断孩子有没有达到要求的目标。在上例中，"按时把妈妈当天布置的 10 个小手工全部完成""按时完成妈妈当天布置的 10 个小手工中的 9 个"，都是非常易于作出评判的标准。反之，如果将目标定为"在做妈妈布置的小手工时认真思考"，就难以评判孩子是否达到了要求，因为孩子到底有没有"认真思考"是看不清楚的。

另外，达成的目标不要定得过高，不要造成"要么全赢，要么全输"的局面。目标最好分解成从易到难的几个等级，对孩子的点滴进步都给予关注。越是难以完成的目标，得到的奖励就越多。这样做对孩子的自信和积极性都是一种保护。

（2）契约必须明确、具体地说明，如果孩子达到了所要求的目标，会得到什么样的奖励。

这涉及强化物的运用。前面的章节对强化物的选择和使用已经做了大量的介绍。在行为契约中，一般可以提出一系列的备选强化物，给孩子选择的机会。配合难易程度不同的目标，这样做更能使孩子的表现和他所获得的奖励大小挂起钩来。同时，强化物的量、给予的标准、由谁给予等，在行为契约里都要写清楚。

（3）契约还必须明确，如果孩子没有达到要求，会有什么样的后果出现。

要考虑到孩子不能达到目标的情况，在行为契约上最好明确地写出来达不成目标的后果。比如，孩子就不能获得任何奖励，甚至会有一定的惩罚措施。在上面的例子中，没有采取惩罚措施，但大人和孩子都明确：如果连最低的目标都没有达到，那么就没有机会获得任何奖励了。

我们曾说过，ABA 强调从正面引导孩子，主张采取积极的措施，尽量避免使用惩罚。行为契约也应如此。如果我们和孩子约定，没有做到就没有任何强化物，这对孩子的不配合、不努力具有消退的效果。并不是只有靠惩罚才能增进孩子的积极性。

（4）为了提高孩子参与的兴趣和积极性，还应有一些特别的奖赏。

可以利用这一条给孩子安排意外的惊喜，对他高于期望的好表现给予更好的奖赏。

（5）要有一个方便、可行的记录方法。

如果不对孩子的行为加以记录，任何评量标准都是空谈。在执行行为契约时，一定要设计一个方便可行的记录方法。所记录的内容和既定的目标应当是便于相互比较的。比如上例中，将每天小强的表现记录为"按时完成了___个手工"。将空格里填写的数字，和既定的目标"10 个""9 个"或"8 个"相比较，就可以知道小强今天是否能得到和能得到多少奖励了。

（6）写明契约开始执行的日期、所涉及的人物。

每一个涉及的人物都要在契约上签字，表明知悉和同意。签字确认的过程可以让孩子加深印象，也让他们更认真地对待自己和父母的约定。

除了要包含上述基本内容之外，制订行为契约还要注意如下几个问题。

①行为契约应当书写成文，而不要仅仅在口头上约定，并且所写出的契约，所使用的条目、语言一定要清楚明确，要让涉及的每个人都能看得懂。有人认为行为契约在理解力较强的孩子身上才适用。这样说有一定道理，因为一般而言行为契约是较长期的，所涉及的目标和强化也相对复杂。如果孩子不能理解这些约定，契约是无法执行的。不过对于理解力较差的孩子，我们可以想其他的办法帮助他们理解。比如，采用图片的形式告诉孩子他的表现和奖励之间的联系，这样，和他们订立一些简单的契约是可行的。

表示要求的图片 → 表示奖励的图片

②执行契约后要定期地回顾和检查，在必要的时候调整。不断地回顾是很必要的，对孩子的表现进行总结，如果发现目标对孩子来说过于容易或者过于困难，都应该重新确定目标。

③契约要诚实可信，万万不可随意违反。如果契约不能得到严格的遵守和执行，就千万不要订立。

行为契约中的条目可以由大人来指定，也可以和孩子一同协商，不过在最终确定之前，一定要取得孩子的同意才行，强迫执行的契约是没有任何意义的。可以视孩子的独立程度，赋予他们更多的主导权。按照孩子参与程度，行为契约可以分为这样几种。

◇ 结构化的契约——所有的条目都由大人制订，然后和孩子协商。

◇ 半结构化的契约——大人制订一部分条目，孩子自己选择一些条目，然后一同协商。

◇ 双方制订的契约——大人和孩子一起商量行为契约所包含的条目。

◇ 非结构化的契约——由孩子自己主动提出各个条目，然后和大人一起协商。

根据孩子的认知能力和自我管理能力的高低，我们可以选择不同的制订方式。

二、代币系统

在有关强化物和强化策略的章节中，曾介绍过代币这种强化形式。在应用行为分析中，通过对代币的扩展，形成了一套管理儿童行为的策略，叫作代币系统（token economy，直译为"代币经济"）。从字面可以看出它是一套有关交换的规则系统，实际上它就是对现实中的经济生活的模拟。简而言之，代币就像现实中的钱一样，孩子基于自己的表现，可以赢得一定数量的代币，然后就可以用这些代币去"买"他想要的东西。通过策划这个代币交换体系，我们可以设计出很有意思的"金融体制"，在调动孩子学习积极性的同时，还可以提高他们的自我管理能力、理财能力，从而为将来独立面对现实生活做好准备。

1. 确定用什么作为代币

在规划代币系统之前，首先要确定使用什么作为代币。代币的选择可以参考这样的几条标准。

第一，它应该是便于携带的。代币系统一旦确立，要能在不同的场合、不同的情境中使用，那些不便于从一个场合携带到另一个场合的东西，不适合作为代币使用。

第二，它要便于颁发。孩子表现好的时候，大人随时随地都可以给他代币作为即时的强化。

第三，要能够由大人完全控制。如果孩子可以自己制造或者很轻易地从其他地方得到代币，就会发生"通货膨胀"，导致"金融危机"了。

使用代币的时候要记住，就其本质来说，代币属于一种强化手段，所以前面介绍过的强化使用注意事项，对代币系统都是适用的，比如，要在孩子的行为之后马上给予，使孩子将自己的好行为和所受强化挂起钩来。

代币可以是小贴画、小星星、塑料雪花片、自制的小卡片等等。如果孩子有足够的理解能力，也可以用抽象的东西作为代币，比如分数——分数是可以随时给予的，因此使用起来更加方便。

2. 确定代币发放的标准

这实际上是确定强化的标准——频率和强度，即孩子的什么行为能够得到强化？行为好到什么程度能得到多大的强化？强化的强度要遵从"依从性原则"，也就是将强化的大小数量和孩子表现的优良程度挂钩，越是高于正常水平的好行为，就能得到越多的强化，反之亦然。

要注意的一点是，在刚开始实行代币系统时，孩子能够得到的最低数量的代币，也要能够换得一定的强化物。这是为了让孩子有机会体验兑换代币的过程，从而更好地理解代币系统的运行，而且也有利于保护孩子参与的积极性。

3. 确定用什么作为可供交换的强化物

代币本身并不是强化物，它能换取的物品才是强化物。在选择代币背后的实际强化物时，一定要认真考虑，选择真正具有强化作用的东西。前面讲过，强化物的选择有这样一些标准：要选择孩子真正喜欢的强化物，要选择孩子目前非常渴望得到的东西，即使大量使用也不会对孩子的身体发育造成伤害，便于收回，不易通过其他途径获得，要便于收集，便宜，不产生"竞争性"行为。在这些标准中，除了"便于收回"和"不产生'竞争性'行为"之外（由于代币系统的使用，孩子是在表现出好行为后过一段时间才真正得到和"消费"实际的强化物，所以不涉及"收回"和"竞争性行为"的问题），其他的原则在选择代币换取的强化物时也同样适用。

另外要注意的是，通过代币换取的强化物不一定是物质强化，社会性强化、活动强化等同样是可以的。

4. 确立一个兑换的规则

第一，确定兑换的时间、地点、人物。"多长时间兑换一次？"——可以每节课后兑换、每天兑换、每周兑换等等。在刚开始实行代币系统时，最好将兑换的频率设定得高一些，这样可以让孩子有更多的机会体验和理解兑换的过程。"在哪里兑换，找谁兑换"，这两个问题也是要在实行代币系统之前加以确定的。

第二，确定兑换的"价格"。"多少代币能换取什么样的实际强化物？"这是代币系统最有趣的部分，也是增进孩子能力的关键部分。可以按照强化物对孩子吸引力的大小，确定其价格，越是受孩子喜爱的东西，就越"贵"，需要更多的代币才能换得。

兑换你的小星星

如果你有了 20 颗小星星，就可以：和妈妈一起去游乐园玩

如果你有了 15 颗小星星，就可以：吃到妈妈做的小熊饼干

如果你有了 10 颗小星星，就可以：让爸爸带着到院子里骑小自行车

如果你有了 8 颗小星星，就可以：玩 20 分钟电脑游戏

如果你有了 6 颗小星星，就可以：今晚跟妈妈一起睡觉

如果你有了 3 颗小星星，就可以：换一张小电话卡

如果你有了 1 颗小星星，就可以：和爸爸来一个大"熊抱"

和现实生活中一样，价格体系应当是相对稳定的，不能总是变来变去。但是，也要允许有一定的浮动，通过浮动价格，可以实现很多功能，比如增强或淡出强化等。例如，随着孩子不断进步，让强化物的"价格"不断上涨——从前 10 个代币可以"买"到的东西，现在却"买"不到了。这样就使孩子可以换到的强化物逐渐变少，从而达到"淡出强化"的目的。

5. 注意淡出代币

使用任何一种强化形式，最终目的都是增进孩子的动机，让孩子不用强化也能好好表现。代币系统也不例外，所以一定要注意代币的淡出。代币的淡出可以通过减少给孩子代币的数量，或者提高得到代币的标准等方

6. 代币也可作为惩罚的手段

在"惩罚"一节中，我们介绍过"反应代价"这种惩罚方式，其中讲到"罚款"是反应代价的一种应用。在使用代币系统的过程中，罚款可以很好实现——每当孩子表现不好的时候，就从他已经得到的代币中扣除一定的数额。作为一种消极惩罚的手段，这不会给孩子带来身心伤害，也不会导致过激的反应，却又能达到惩罚的效果。

代币的扣除也应遵循依从性原则，即把扣除的数量和坏行为的"恶劣"程度相联系，越"恶劣"的行为被扣除的代币也就越多。当然，和奖励的标准一样，惩罚的标准在实行代币系统之前也要确定下来，并且告诉孩子。

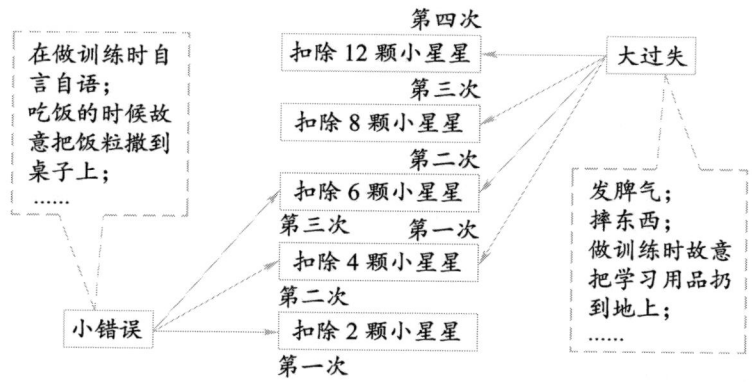

通过"操纵"代币的价格也能达到惩罚的效果。比如，当孩子出现不良的表现时，就对他宣布："由于你今天表现不好，小汽车'涨价'了！你要拿 20 个小星星才能换得到。"

7. 融入其他的一些实用技能

在实行代币系统时，可以融入很多实用的技能训练。比如，设立一个小银行，让孩子自己管理代币，决定何时把代币"存入银行"，何时取出代币去"购买"物品等。这些技能的训练对于孩子将来适应现实的社会生活是非常必要的。

小存折

姓名：	单位：	（小星星／颗）	
日期	存入数额	取出数额	现有数额
××-×-×	10	-----	10
××-×-×	15	-----	25
××-×-×	8	-----	33
××-×-×	12	15	30

无论如何，代币强化只是强化的一种形式，在孩子表现好的时候，不要忘了给他以社会性的奖赏——夸赞他，抱抱他，让他知道自己是好样的，爸爸、妈妈是爱他的。毕竟，我们的爱才是对孩子最好的强化。

教学方法

帮您成为孩子的教师

运用前面介绍过的各种策略，可以有效地改善孩子在生活和学习中的行为习惯，从而使他们更好地适应环境。除了这一点之外，我们还有一项更主要、更重大的任务，就是让孩子不断学习新的知识，掌握新的技能，向更高的水平进步。实际上，教孩子掌握新知识、新技能的过程，也可以理解为改变其行为的过程，即增加好的行为，改善"行为缺乏"。因此，之前介绍的所有能够用来增加好行为的策略，都可以用于系统的教学当中。

孩子的学习需要体现在动作发展、认知发展、语言发展、社会发展等多个领域当中。只有在这些领域取得了足够的进步，孩子才能实现更长远的目标，更好地融入社会，成为一个自立、自强的人。要实现这一目标，需要进行系统、长期、循序渐进的教学。从前介绍过的种种策略虽然教给我们一些重要的原则和做法，但对于规划长期、系统的教学来说，似乎显得有些零散，无法提供足够有力的支持。

可喜的是，ABA 所包括的不仅仅是一些单独的策略，还提供了一套系统完整的教学方法。这套教学方法建立在 ABA 的原理、原则以及各种策略的基础之上，是对各种策略的浓缩、提炼，为我们的教学提供了一个操作性很强的参考框架。

ABA 把孩子的学习过程视为"查缺补漏"的过程，也就是说，首先考察孩子目前所掌握的技能，然后参照一定的标准，检查孩子在哪些方面存在不足，再针对这些不足给予特定的技能训练，以期尽快弥补不足，提升水平。从某种程度上看，它的理念有些类似于工业生产，就像给机器装配螺丝一样，按部就班地为儿童赋予所应具备的每一项技能。正因为有这种直接面对、处理缺失技能的理念，ABA 的教学法也被称为"直接教学法"。

第六章　回合试验教学

如果把前面讲过的 ABA 的原理和策略比喻为一套武功，那么回合试验教学（Discrete Trial Teaching，简写为 DTT）就是这套武功的浓缩部分，它把差别强化、刺激控制等 ABA 的重要策略凝缩在一套教学模式当中，为我们提供了具有很强操作性的教学工具。回合试验教学起源于 20 世纪中期，是迄今为止为数不多的被实验数据证明有效的教学方法之一。半个世纪以来，它在全世界范围内被广泛应用，但回合试验教学也是最受人们误解的一种教学方法，它往往被人与 ABA 等同起来，认为"ABA 就是回合试验，回合试验就是 ABA""ABA 就是一套教学方法"。这样的误解，加上对 ABA 原理的半知半解，导致不少人形成了对 ABA 的偏见，比如认为 ABA 过于"僵化""刻板"等等，这也引发了人们对回合试验教学的诸多批评。实际上，ABA 和回合试验教学二者之间绝不是等同的关系，而是基础与应用的关系。

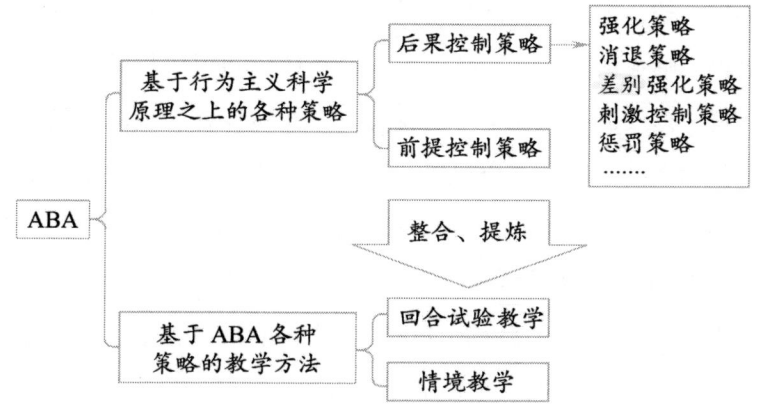

何为"回合"

进行回合试验教学最基本、最常见的形式就是一对一的教学,即一个大人和一个孩子相对而坐,孩子根据大人的要求完成一定的任务,大人根据孩子的表现进行适当的反馈,要么给予表扬,要么给予纠正。既然是一种教学方

法,为什么起了"回合试验"的怪名字呢?所谓"回合",是指这种教学是由一组一组的互动所组成的。你叫孩子一声,他答应了,这就是一次你和孩子之间的互动。孩子答应后你感到很高兴,夸他一句"真乖",这又是一次互动。这样大人和孩子之间有来有往的互动,就构成了一个"回合"。何谓"试验"?是指教学活动的过程、结果都是不能事先确定的,在教学中要不断地观察、试探孩子的反应,根据情况随时调整教学,才能收到良好的效果。

有关回合试验这种教学方法"僵化、死板"的偏见十分普遍。这种偏见是可以理解的,因为回合试验包括了几个相对固定的环节、程序,乍一看的确显得不够灵活。但是,必须看到这些环节和程序只是一个大体的框架。设立这一框架的目的在于帮助我们更方便地设计、规范自己的教学活动。只要教学活动不脱离这个框架,对于一些细节问题(比如,怎么进行强化,给强化物后多长时间才能继续进行教学,每天应做多长时间,等等)并非是要100%严格遵守的。至于在哪些教学中应当注意哪些环节也没有一定之规。总之,回合试验(之后要介绍的情境教学也是一样)是基于 ABA 的基本原理和策略所形成的教学方法,判断所有教学活动适当与否

的标准是 ABA 的这些原理、策略，而不能简单地以一些僵化的步骤作为判断标准。

本书将回合试验教学法分解为一个个环节、步骤，是为了更清楚地介绍它，绝不意味着这些环节就是回合试验的"执行标准"。请一定记住：回合试验不是什么"标准操作规范"，而是帮助您与孩子更好地互动的工具。基于此，本节将把介绍的重点放在各个环节所需注意的问题上，并结合相关的 ABA 原理。希望您结合从前学过的原理认真思考，以求能够深入理解、灵活把握。

前文讲到，每个回合都可以视为大人和孩子之间的一组互动，那么这组互动由哪些部分组成呢？先来看一看下面两个情景。

情景一

老师："请你跟我这样做。"［拿起桌上的小锤子轻轻敲了桌子一下］

孩子：［拿起桌上的小锤子轻轻敲了桌子一下］

老师："真棒！做得和老师一样！"［轻柔地摸了摸孩子头，随手拿起一个小喇叭给孩子］

孩子：［很高兴地拿着小喇叭吹了起来］

老师：［低头把孩子刚才的表现做了简短的记录，然后轻轻收回了孩子手中的小喇叭］

情景二

老师：［引导孩子看着自己的动作，从桌子上摆着的三张卡片（汽车、轮船、飞机）中拿走一张轮船卡片，然后问孩子］"刚才我拿走了什么？"

孩子：［看看桌子，又看看老师，似乎在思考，但最后还是没说

话]

　　老师：[把刚才拿走的轮船卡片重新摆回原处，然后重复了一遍先前的动作，之后问孩子]"刚才我拿走了什么？"[问的同时，举起手中的轮船卡片使孩子能够看得到]

　　孩子：[看着老师手中的轮船卡片]"轮船！"

　　老师："很好，答对了！"

　　这两个场景都可以视为一个"回合"，大体上，它们包括如下的几个主要环节：

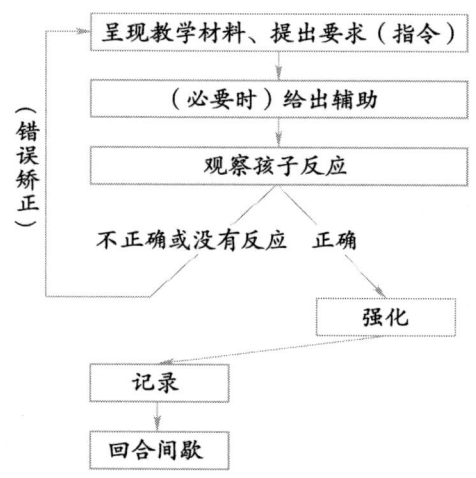

下面分别对各个环节进行具体的解释。

一、呈现教学材料、提出要求（指令）

　　教学材料是指希望孩子完成任务要用到的材料。比如，想让孩子画一个圆，就要提供笔和纸；要让孩子"指红色"，就要给他出示一个红色的东西用以辨认。而指令就是用语言发出的要求，如"画一个圆圈""指红色"等。对有的语言类学习内容，指令可以是一个问句，如"你叫什么名字？""这是什么东西？"等。

　　关于呈现教学材料和指令，有如下几个原则需要遵循：

1. **力图简单扼要**

一般来说，孤独症儿童对语言的理解能力较差，所以在发指令时，要注意使用简单扼要的语言。例如，当要求孩子模仿自己的动作时，只需说"这样做"或"请你跟我这样做"即可，这样易于孩子的理解。如果对孩子说："看妈妈怎样做的，和妈妈做得一样好不好啊？"在这样的指令下，如果孩子没有作出适当的反应，我们就弄不清是因为他不会做，还是因为他没有听懂指令。

2. **清晰明确**

清晰明确是指所发的指令要直接表明希望孩子作出的行为。比如，如果要求孩子指认苹果，那么指令最好是"指苹果"或"把苹果给我"，而不是"哪个是苹果"，"苹果是什么"。这样做的好处主要有两个，一是能帮助孩子更清楚地理解自己究竟要做什么，二是为我们判断孩子的反应正确与否提供明确的标准。试想，如果问孩子"哪个是苹果"，他可能会困惑于该怎样做来告诉你哪个是苹果，或者他干脆一下把苹果摔到地上。这时你怎么才能知道孩子到底认不认识苹果呢？而如果你明确要求他"把苹果给我"，事情就变得简单了。

不光语言指令要清晰明确，在摆放学习材料时也要做到这一点。在桌子上要尽量少放，最好不放与学习无关的任何东西。这样就排除了可能的分心物，有利于孩子把注意力保持在学习材料上。

3. **前后统一**

在刚开始教某个项目的时候，指令应该尽量保持一致。比如在教指认物品时，如果开始时是以"指××"作为指令，那么在孩子掌握这个指令之前，不要随意变换它。这同样是为了让孩子便于理解，以及便于我们判断孩子是否作出了正确的反应。等孩子能够很好地理解和反应这个指令后，才可以改用"摸一摸××""把××给我"等其他形式的指令。

同样，呈现学习材料也要注意前后统一的原则。举例来说，教孩子指认汽车（或汽车卡片）时，最好用同一辆小汽车（或小汽车卡片）作为学习材料，不应随手变换。再如，在孩子刚开始学习认识三角形、红色等属性时，最初的学习材料也必须要一致，每天使用同样的三角形物品（或卡片）、红色物品（或卡片）。不然就会导致孩子混淆所学内容的属性。

4. 不要用孩子特别喜欢的或特别不喜欢的东西作为学习材料

无论是过于喜欢还是过于厌烦的学习材料，都不能让孩子把注意很好地集中在学习上。

5. 发指令、提要求前，一定要先吸引孩子的注意

发指令前不先引导孩子注意自己，这是一个非常容易犯的错误。这样发出的指令就像是脱靶的箭，肯定达不到目标。这往往是造成孩子不能正确反应的重要原因。引起孩子注意的方法有很多，比如拍拍手、打个响指、轻声叫孩子的名字等。切记不要动作过大，也不可急躁。

二、辅助

在前面的图示中可以看到辅助这个环节是加了括号的，意思是辅助不一定在每个回合都出现，而是要依据学习的情况决定是否给孩子辅助，给多大程度的辅助。在前面的"情景一"中，孩子在没有给予辅助的情况下成功地模仿了老师的动作，而在"情景二"中，由于第一次孩子没有做对，老师才通过让孩子看到被拿走的轮船卡片的方式给予辅助，帮助孩子作出正确反应（有关辅助的方式、注意事项等，可参见第三章第四节"刺激控制策略"的内容）。在回合试验中，要注意把握给予辅助和撤除辅助的时机。

学习某个新项目时，发出指令后应该马上给予辅助，这是为了保证孩子能够完成任务并得到强化。而当孩子已经学会了这项内容，意在练习和巩固时，就要考虑推迟辅助的时间（这是撤除辅助的一种方式），一般是在发出

指令后等待孩子一段时间（如 3～5 秒钟）。如果孩子没有反应才考虑给予辅助。

在回合试验中，关于辅助要把握的原则与在刺激控制策略中所讲的原则完全相同，即方法适当、适时、适度。

三、强化？错误矫正？

在发出指令后，就要观察孩子的反应。可能出现的情况无非有两种：第一，孩子正确地作出了反应；第二，孩子作出了错误的反应。错误的情况又包括两种：孩子努力想作出正确反应，但没有做对；孩子没有作出任何反应，或出现了和教学无关的行为，如发脾气、试图离开座位等。

在观察反应时一定要保证，在孩子作出反应后，立刻准确地判断对错，否则就贻误了强化和纠正的时机。这一点似乎很难做到，因为孩子的反应千变万化，实在难以预测。为此，就必须在教学之前，为每一个任务的反应确立一个检验范围，只有孩子的反应在这个范围之内，才能算是正确的。把指令具体化、明确化，能帮助我们更好地确立这一检验范围。举例来说，在教孩子指认苹果时，如果以"哪个是苹果"为指令，孩子的反应可能有很多种：用手指指苹果，把苹果拿起来，闻一闻苹果，把苹果丢到桌子下，看一看苹果等等。这些反应都能够表示孩子认识苹果，但也可能只是孩子在做漫无目的的动作。在教学前，我们根本无法把所有可能的反应全部考虑到，因此需要时间来对出乎意料的反应作出判断，这就有可能贻误了教学时机。假如我们以"指苹果"为指令，那么就可以设立"只有用手指了苹果，才算是正确的"这一标准，在教学中无论孩子作出了任何其他反应，都可以立即判断为不正确。越是具体、明确的指令，越容易使我们作出判断。

如果孩子做对了，当然要给予及时的强化；而如果孩子的反应错误，无论是上述哪种情况，都要给予纠正，也就是进入"错误矫正程序"。

四、强化

在回合试验中进行强化时要注意的问题与强化一节中所讲的内容是相

同的，比如物质强化和社会强化要配合使用，尝试使用代币强化，尽量使用自然的强化物等等。在进行回合试验教学的时候，要注意掌握好强化的时机，即什么时候给予强化？请记住以下原则：

◇ 当孩子的表现高于其正常水平时，必须给予强化。

◇ 当孩子的表现低于其正常水平时，不应给予强化。

◇ 当孩子的表现与其正常水平相持平时：如果该学习项目仍处于学习阶段，则应给予强化（当然，这并不意味着孩子每次做对后都给予强化，也可以实行间隔式的强化，请参考"强化物和强化策略"中相关内容）；如果该学习项目处于巩固、复习的阶段，则给不给强化都可以。

还需注意的一个问题是，在进行回合试验教学时，要对强化物的强化效能十分敏感，也就是说，要随时观察孩子是否对强化物感兴趣。如果发现兴趣下降了，就应该给孩子机会重新选择他喜欢的强化物。一般来说，在每天教学前，都要准备几种常用的强化物，以便随时更换，保证强化的效能。

另外，每次孩子作出正确反应时，都应给予表扬、夸赞，而表扬的语言应该和孩子的具体反应结合起来，比如："你真聪明，苹果指对了！""好孩子，画得真好！"这样做的目的是让孩子明白自己为什么受到表扬。

在回合试验教学的过程中，无论是何种强化物，都应让孩子在3~5秒钟内享受完毕。如果是食物，就最好切成小块，注意不要用口香糖这样的东西作为强化物；如果是小玩具，就最好不要让它带绳子或链子等可能不好收回的东西；如果是以活动强化的方式，如挠痒痒、互相击掌等，就要有意识地将其控制在几秒钟的时间内。

五、错误矫正程序

什么是错误矫正程序？顾名思义就是为了矫正孩子的错误而采取的行动。它要达到两个目的：第一，让孩子知道自己做错了；第二，让孩子知道怎么做才是对的。基于这两个目的，错误矫正程序也包括两步：给予错误反馈；重新发出指令，并且给予孩子一定的辅助，帮助他作出正确反应。

1. 给予孩子错误信号

应当以温和、无压力的方式让孩子知道自己做错了，而千万不能受到消极情绪的影响，更要避免"气急败坏"。可以采取低头沉默、轻声说"不对"、摇头等方式。一定要注意，给予错误信号，一定要和强化有明显的区别，泾渭分明，比如强化时采用夸张、高昂的语调，给予错误信号时则要采取低沉、短促的语调。总之要让孩子感觉到，当自己做对了和做错了时，大人的反应是不一样的。

2. 重新发出指令

让孩子意识到错误不是最终目的，所以在给予错误信号后，还要教给孩子正确的反应。在孩子无反应或反应错误后，我们经常习惯于直接给予纠正。这样做是一种正常的习惯反应，却并不很适当。此时孩子也许已经忘记了刚才所听到的指令，因此也就无法将大人此时所纠正的动作与相关指令联系起来，达不到学习的效果。正确的做法应当是重新发出指令，也就是重新开始一个新的"回合"。在这个新的回合里，发出指令后，要立刻给予孩子一定的辅助，帮助他作出正确反应。要注意的是，因为孩子没有达到预先的要求，也就是说表现低于正常水平，所以在这个新回合中，不应给予强化。

六、记录

在日常教学中对孩子的表现及时记录，是回合试验教学法的一个特色。千万不要以为这些记录的工作只是在浪费纸张和时间。实际上，它能帮助我们回忆和总结孩子的既往表现、进步情况，从而正确决定教学的进度、辅助的程度等。记录的形式有很多种，我们可以自己设计表格和符号，只要自己能够看得懂即可。在记录表上，至少应当包括如下几项内容：教学时间、教学内容、辅助的等级、孩子的完成情况（是否完成，是在辅助下完成还是独立完成，在什么样的辅助下完成），在记录表上最好留出空白，以便随时记下当天发生的其他情况，如教学环境的变化、孩子的情绪状态、与孩子之间的情感交流情况等等。记录表的具体形式，将在后面的内容中加以介绍。

七、回合间歇

回合间歇，就是各个回合之间短时间的停顿。为什么要专门占用宝贵的时间用于停顿呢？这样做不仅仅是为了休息，其目的还包括使各个回合之间有一个较为清晰的分隔界限，从而把一个个"指令—反应—强化"的程序相互独立起来，使整个教学过程不至于混在一起，使孩子感到混淆、茫然。在英语中，回合试验为"Discrete Trial Teaching"，其中的"Discrete"意指"离散、分散的"，实际上就表明了回合间歇的重要性。有了间歇，回合和回合之间才有了区隔，教学活动才有了"有张有弛"的节奏。

一般来说，回合之间的间歇应当有几秒钟时间，在这期间孩子可以"消费"他得到的强化物，而大人也可以利用这点时间进行记录。

如果细心的话，可以从回合试验的环节中看到"刺激控制策略""强化策略"的影子。的确如此，回合试验实际上是将这些基本策略浓缩在了一个短暂的回合之中，通过一遍一遍的重复，给予孩子加强的训练。

怎样练好"精要秘籍"

仅仅了解回合的各个环节是不够的，要把教学进行得流畅、顺利、充实，并不是一件很容易的事，需要多多实践、认真领悟。下面把一些教学时需要注意的事项和常见的问题总结出来，作为提醒和参考，希望能帮助您的教学水平不断提高。

一、回合试验教学的准备

1. 教学环境的布置

在"前提控制策略"的相关章节中已经讲过，为了照顾到许多孤独症儿童常常固执于常规的特点，教学环境的布置要统一、一致、有规律，不要轻易变动地点和摆设，这样才能给孩子提供一种安全感，减少问题行为出现的可能性。最好在家里划出一个固定的区域作为学习场所，并采用视觉提示的手段将这个区域标记出来，比如，可以用彩色的地毯铺地，或在地上用粉笔划出区域，或用家具隔挡出一片区域来。

另外要注意的是教学环境中分心物的安排。这里的分心物是指一切可能将孩子的注意力从学习中吸引开的东西。一般来说，在最初开始进行教学时，最好把教学环境中的分心物减到最少，以帮助孩子集中注意力。作为教室的房间或者区域可以以纯白色作为背景，在整个区域中除了和学习有关的东西之外，不放置任何其他物品，这和普通的幼儿园不太一样。普通幼儿园环境中充满着丰富的刺激物，屋顶上挂着风铃，墙壁上贴着贴画和各种表格，还画有色彩鲜艳的图案等等。这样的环境对我们的孩子来说可能不利于学习，尤其是刚开始进行回合试验教学时。

应当细心地观察教学区域中有哪些物体有可能吸引孩子的注意，把这些物体拿走。如果教学区域的墙壁上有一扇窗，孩子总是喜欢透过窗户往外看，就最好拉上窗帘或者是让孩子背对着窗户。

在孩子适应了回合试验的教学形式后，他们的注意力会比最初时要更容易集中。此时，可以有意识地往学习区域中逐步增加一些分心物。这样做的目的是让孩子逐步适应普通的教学环境，为将来进入幼儿园、小学中的集体学习生活做好必要的准备。

2. 教学时间的安排

在一些国家，每周进行回合试验教学需要30小时，有的甚至要求达到40小时以上，这并不是说达不到这个时间就会导致回合试验教学失去效果。实际上没有最低限度的标准，学习的效果也不能以学习的时间来衡量，但是最基本的学习时间还是应加以保障的。对于一个学习项目来说，每天至少要进行一个小节，也就是 10 次左右的回合。有条件的话，每天最好进行两个小节以上的学习。小节不要连续进行，可以上午、下午各安排一小节。这样，在孩子比较配合的情况下，每天可以花 10 分钟左右的时间学习一个项目。如果一天要学习的项目有 15～20 个，那么一天有三个小时就够了。

3. 其他准备

一些看似琐碎的细节有时会对教学过程产生意想不到的影响，比如桌椅的摆放、教具和强化物的准备情况等等。为了不让自己的教学被这些细节问题干扰，需要在教学开始前对其逐一检查。首先，对当天的学习项目做到心中有数。今天要学哪些项目，孩子目前在各个项目上的水平如何，应该给予什么样的辅助等等，都应一清二楚，这样才不至于对孩子的反应茫然无措。其次，针对每个学习项目所需要的教具、学习材料要准备得当，不可遗漏。另外，所要使用的强化物也是非常重要的，应当准备尽可能多种类的强化物（可以是实物，也可以是活动），当孩子不喜欢某一种强化物时，要保证有足够的后备强化物可供选择。下面这个检查表可以帮助您在上课前检查自己的准备情况。

做好了以上的相关准备，还不能马上开始进行教学，因为还有一个更重要的准备要做，那就是调整心态和心情。千万不要把回合试验教学当成苦差事！

回合试验教学是一件严肃、有着重要意义的事情，但这并不意味着必须板起面孔，正襟危坐。一定要放松、自然，让学习变得有趣。一个个回合就是大人和孩子之间进行的一次次互动，在这些互动中，不仅可以教给孩子知识和技能，也能培养孩子和大人之间相互依恋的感觉。你一个动作，我一个

检查内容	检查情况
学习计划是否将今天要学习的项目全都清楚地列出来了？	√
学习计划是否放在随时可以看到的地方？	√
各个学习项目要用到的教具、学习材料是否准备齐全？	√
教具、学习材料是否放在可以随手拿到的地方？	√
教具、学习材料是否放在孩子够不到的地方？	√
强化物是否准备齐全？	√
强化物是否放在自己可以随手拿到的地方？	√
强化物是否放在孩子够不到的地方？	√
教学记录表是否放在自己随手可以记录的地方？	√
是否准备好了笔？	√
桌椅是否摆放整齐？	√
椅子有没有可能让孩子感到不舒服的地方？	√
桌子上是否清空了杂物？	√
在回合间歇时要和孩子做的小活动，需要的材料或玩具是否已准备好？	√

反应，整个过程中大人和孩子都密切关注着对方，根据对方的举动调整、改变着自己的举动。在这样不断的来回中，双方的行为、情绪都能纳入到同一个频段中，产生美妙的共鸣。在这样的共鸣中，每天都可以发现、欣赏孩子的点滴进步，与孩子一起享受进步的喜悦。只要坚持规范地进行回合教学，总有一天你会体验到这样的状态。到那时，教学就将不再是一项任务，而是一种享受。

即使从未体验到这种状态，也不要把教学当成硬性的任务去完成，而要把教学视为和孩子共度时光的好机会。当你心情急躁、感到失望甚至绝望,或者将回合试验教学当成苦不堪言的艰难旅程时,就需要暂停一下了。因为任何消极情绪都会在教学时传染给孩子,造成双方的恶性循环。此时必须要放松一下自己,调整好心态,否则只能适得其反。

同样,在学习时,孩子的心理状态也要放松、开心,愿意参加训练。要让孩子形成这样的心理状态,必须慢慢地培养。孩子的配合训练非常重要,尤其在开始回合试验教学的初期更是如此。

二、回合试验教学的程序和原则

首先,让孩子适应学习区域,适应一对一的互动形式。

在刚开始进行回合试验教学时,孩子可能对这种一对一的教学形式还不熟悉,这时的首要任务是让孩子喜欢(至少不排斥)教学场所,并且体验到学习带来的好处。开始时,可以在教学区域放一些孩子喜欢的玩具、小食品等,陪着孩子在这个区域中自由地玩耍,建立他在其中的安全感和亲近感。通过逐步地引导,将孩子自由玩耍的地点渐渐向教学区域靠近,最后让孩子坐在椅子上玩,大人坐在他对面。让孩子熟悉和适应这种一对一的形式。

其次,让孩子适应大人不断提出的要求,体验到配合能够带来的好处。

在陪孩子玩的过程中,可以逐渐提出一些简单的小要求,比如"把小汽车给妈妈看看"。对孩子的要求可以逐步增多,但难度不要增加,都应当是孩子能够独立完成的。每当孩子对你的要求作出反应时,不管他的反应是否准确,都要马上给予热情的赞扬,并且给予物质性的强化。还可以通过一些简短的活动让孩子体验到配合带来的好处。比如,在桌子上放一个插棍板,手中拿若干个小插棍,快速地把插棍挨个递给孩子,引导他把插棍插到插棍板的小孔中去。每插上一个,就给孩子一点他喜欢吃或喜欢玩的东西。由于插棍是非常简单的活动,当孩子能很顺利地完成时,就可以不断得到强化的机会。

在孩子能够对简单的要求作出配合的反应后,再提出较难一些的要求。在提出难度较大的要求后,要马上给予孩子足够的辅助,保证他正确完成,然后立即给予强化。这种策略被称为"零错误学习"(Errorless Learning),它能保证孩子100%地作出正确反应并因而得到强化,这样可以使孩子更快地明白配合行为与强化之间的联系,并能减少孩子出现不良问题的可能性。

再次,让孩子体会到大人是"老板"。

在所有的互动中,要尽量由大人占据主导的地位,不管是强化还是不强化孩子,都由大人决定,而不能让孩子主宰大人的行为。比如,在发指令的时候,要让孩子看你,而不要移动身体,去寻找、迎合孩子的目光。另外,尤其要注意不能强化孩子的不配合行为。比如,不能当孩子一哭闹时就满足他的需求,不能在孩子出现不配合行为时还给他强化物,这样只能增加不配合行为出现的次数。

要注意及时纠正孩子不合常规的行为,树立教学时的"规矩"。比如,坐在椅子上时不能随意离开,一旦有要离开的迹象,就要马上严肃地加以制止。注意最好在不中断活动的同时,不动声色地予以控制,不要采用过大的动作,也不要大声呵斥。如果发现孩子离开座位已经走了很远了,此时强行把他拉回,可能导致孩子情绪的爆发。这时可以跟着他,观察他的行动,等他的注意力从所关注的事物上稍微减弱后,再发出"回座位去"的指令,然后快速、坚定地把孩子拉回到座位上。

在孩子的行为不便控制的时候,也要想办法使他遵从大人的指令。当孩子出现一些你不喜欢看到的行为时(起身去拿别的玩具,例如木马),在他做出这个行为的同时,发出相关的指令("去拿木马"),造成孩子是由你的指令才去做该事情的"既成事实"。这样并不是自欺欺人,它能够使孩子意识到自己的行为和大人指令之间的关系,间接地建立配合的意识。

最后,在教学中,要以容易的项目开始,以容易的项目结束。

像从事体育锻炼一样，学习也需要有一个热身过程。每一节课应当从较为简单的项目开始，让孩子有积极的体验，这样才能激发和保持他继续学习的动机。每堂课的学习也要以较简单的项目结束，要让孩子在学习的最后时段里享受到成功的乐趣并得到强化，这样可以减少孩子的挫折感，不使他对学习产生畏难情绪甚至反感，下次再学习时保持一个好的心境。

孩子的个性不同，对教学的配合程度不同，建立配合习惯所需要的时间也不同。一般来讲，经过一两个星期的时间，孩子们基本都能够开始熟悉和适应教学的常规，懂得上课时的行为规范。

有了以上的所有准备，才可以正式开始回合试验教学。尽管在教学过程前已经进行了一些配合的训练，但在学习中孩子出现一些问题行为仍然是难免的。如何正确地处理这些行为，就成为每个训练者绕不开的问题。这里，请大家把握一个原则，即"抓大放小"。开始教学前在心里划定一条"红线"，以"是否会影响学习"作为界定问题行为严重程度大小的界限。处于红线以下的细小的问题行为，比如玩手、自言自语、吐口水等，只要不影响正常的学习进程，就可以不予理睬，加以忽视。但对于比较严重的，超过了"红线"的行为，就要适当地制止。这里的制止不是指责骂、体罚，而是指采取较为温和的形式，以不影响正常的教学为宜（比如，在发指令、摆教具、辅助时顺手加以制止，并不在眼神、表情、动作上给予额外的关注）。

在教学过程中，孩子的反应千变万化，对于临时出现的某个问题行为，可能一时不容易判断其到底是否影响了教学过程，从而拿不准该如何处理。这就体现出了事先确立"红线"的重要性，它能帮助我们更及时、更迅速地对教学中遇到的突发事件作出适当的判断和反应。

三、常见的错误和失误

下面总结一些刚开始进行回合试验教学时容易出现的错误和失误，作为提醒和参考。称为"错误"的是原则性的问题，违背了 ABA 的原理和教学原则，必须加以克服和避免；而称为"失误"的问题则并不是原则性的错误，但最好也加以避免，以使教学达到更好的效果。

1. 常见的错误

发指令前，忘记引起孩子的注意，指令语言不简洁，语调不坚定，导致孩子没听到或没听清要求。

在"零错误学习"和"错误矫正"中应该马上给予辅助时，不能及时辅助，导致"零错误学习"或"错误矫正"名不符实，达不到应有的效果。

事先没有想清楚判断孩子反应是否正确的标准，导致在孩子作出意想不到的反应时不知所措，错过了强化的时机，或者强化了不该强化的错误反应。

错误矫正程序中，当孩子上个回合的反应出现错误（所犯的错误不是由于配合或注意力的问题引起的），在重新发指令后不给孩子更高程度的辅助，导致孩子仍然不知道如何反应才算正确。

强化过于频繁，在孩子适应回合试验的教学后，仍然不厌其烦地每次都给予强化，助长孩子依赖强化物的倾向，并使教学过程显得很不自然。

在孩子出现进步后，固着于较高的辅助程度，不能及时提高学习难度，导致孩子没有进步的机会，甚至开始出现厌烦心理。

2. 常见的失误

学习材料摆放前后不一致，给孩子造成认识或理解上的混乱。

在同一个回合内，连续发多次指令，导致环节不清晰，孩子犯糊涂。

等待孩子反应的时间不够充分，还不到 3~5 秒钟就判定孩子不会做，错怪、低估了孩子，让他得不到该得的强化。

没有差别强化的强度，无论孩子表现出进步，还是孩子表现平庸，都给予强度相同的强化，降低了强化和行为间的"依从性"（详见第二章第三节"强化物和强化策略"），削弱了教学的效果。

社会强化和物质强化不能协调一致、和谐自然，降低了强化效果。

社会强化未能与所教项目相关联，导致孩子不明白自己为什么受到表扬。

强化物的摆放位置不适当，把强化物放在自己不容易拿到的地方；或者给一个自控力较差的孩子上课时，把强化物放在孩子看得到、够得着的地方，客观上"引诱"孩子出现问题行为。

先把强化物收回，然后才记录，导致孩子在大人记录时无事可做，出现问题行为。

孩子享受强化物的时间过短或者过长，前者导致强化物起不到强化的效果，后者导致浪费了教学时间，收回强化物时易遇到抵抗。

没有"热身"过程，一开始就给孩子提难度很高的要求，导致孩子一上来就遭遇"打击"，影响接下来的学习积极性。

对孩子的规范要求过高，孩子稍有小动作就制止，导致上课过程充满了"争斗"。

从单个的回合到整合的教学

任何教学活动都是大人和孩子进行互动的过程。掌握了"回合"的环节，实际上就懂得了如何以较为规范、有效的方式和孩子进行互动。当然，为了进行系统有效的教学，还要把这些回合组织、整合起来，成为一堂完整的教学活动，为统一的教学目标服务。

下面是一个课堂规划的例子。在 10 月 15 日这一天的一堂课中，计划教阿然学习下面的七项内容。每一项内容都可以由 10 次左右的回合组成，视为一个小节。完成一项内容（一小节）后，可以安排几分钟的休息时间，和孩子进行自由、放松的活动，玩一些孩子感兴趣的游戏，之后再开始下一小节的学习。

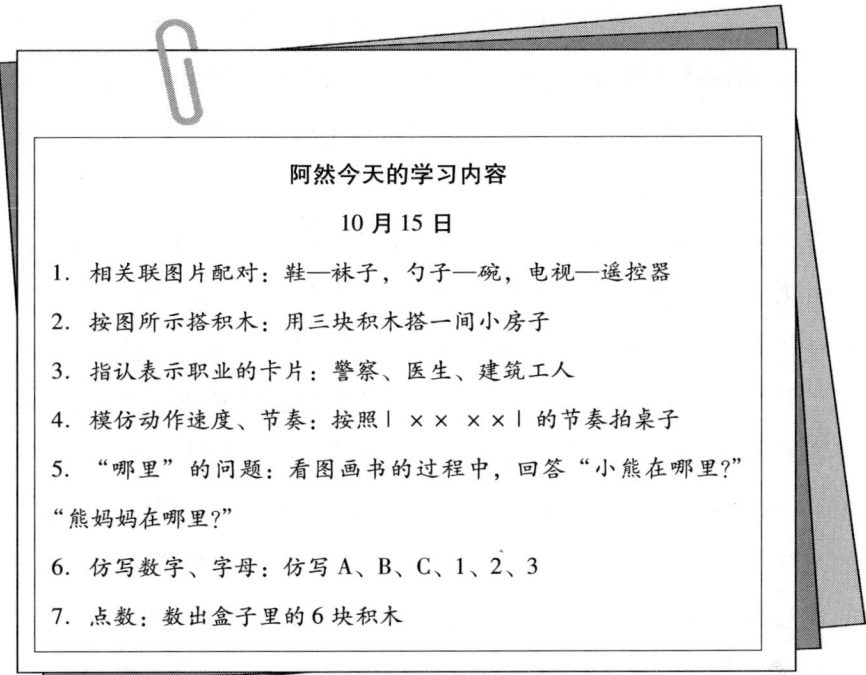

阿然今天的学习内容
10 月 15 日

1. 相关联图片配对：鞋—袜子，勺子—碗，电视—遥控器
2. 按图所示搭积木：用三块积木搭一间小房子
3. 指认表示职业的卡片：警察、医生、建筑工人
4. 模仿动作速度、节奏：按照｜× × × ×｜的节奏拍桌子
5. "哪里"的问题：看图画书的过程中，回答"小熊在哪里？""熊妈妈在哪里？"
6. 仿写数字、字母：仿写 A、B、C、1、2、3
7. 点数：数出盒子里的 6 块积木

一堂课教学的时间安排，大体可以如下图所示：

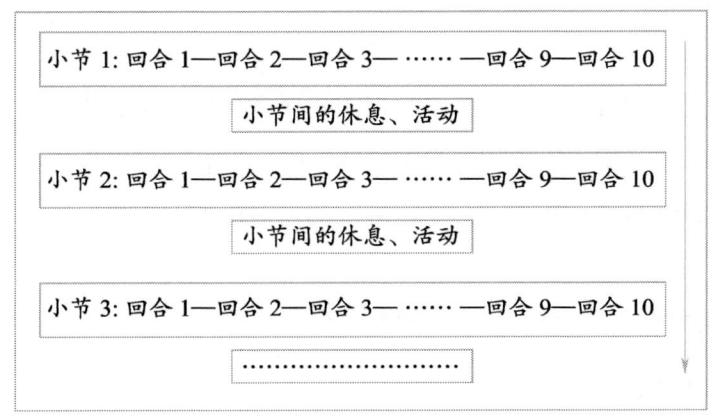

要注意的是，并不一定在同一个小节中必须重复 10 次相同的内容，我们可以根据孩子的学习情况，把各个项目的学习内容相互穿插起来，这样可以让教学更加多变、灵活，也能够防止一次次的不断重复让孩子产生厌烦情绪。每天安排的学习项目不宜过多，要考虑到孩子的接受能力。有时也要视教学者的精神状态、身体状态而定，切不可把回合试验在量上的要求视为硬性的、僵化的标准。记住，只有孩子的进步才是硬道理，只有适合孩子情况的才是最好的。

通过这样的安排，在每堂课上每项活动都有 10 次左右的学习、练习机会，因此，可以说回合试验教学是一种非常密集、强度较大的方法。不少国家对专业 ABA 训练规定了时间，并由不同的人同时进行。这在我国很难实现，因为我们没有足够的专业人员，也很难保证家长每天将几个小时专门用于孩子的训练。不少家长由此而感觉到悲观。实际上，回合试验教学的效果并不单纯取决于教学时间长短，还取决于教学质量的高低。教学质量的高低又取决于教学内容的选择是否符合孩子的需要和水平，教学活动的规范性，教学过程中与孩子之间的互动情况等。只要认真、努力，把每个回合都做得充实、愉快，即使每天只做一个回合，也有其价值。另外，除了回合试验教学之外，还可以在日常生活中采取情境教学的形式，利用随机发生的教学时机教孩子学习。这些都可以让孩子取得不断的进步。

每项学习内容都是需要循序渐进的，那么如何组织安排它们，使孩子能够从易到难、由浅入深地逐步学习掌握呢？下面以一个认知类的学习项目——"相关联图片配对：勺子—碗"为例对此加以介绍。

图片配对教学第一步：了解配对含义

孩子目前的水平：

懂得"配对"的含义，但不能区分"勺子"应和"碗"配在一起。所以，在教学时引入一个干扰图片——"电视机"作为分心物。

辅助等级：手把手的辅助。

教学过程：

(1) 呈现教学材料、提出要求（指令）

在桌子上摆出"碗"和"电视机"的图片，然后将"勺子"图片递给孩子，同时提出要求——"配对"。

(2) 辅助

发出指令后，马上手把手地帮孩子把"勺子"图片放到"碗"图片上面。

(3) 观察反应

由于是手把手的辅助，因此孩子的反应100%是正确的。

(4) 强化

配对好"勺子"和"碗"图片后，表扬孩子："做对了！"并给予事先准备好的物质强化物。

(5) 错误矫正程序

由于是手把手的辅助，因此没有需要矫正的错误。

(6) 记录

将孩子的表现记录在记录表中——"在手把手辅助下完成"（可用符号代表）。

(7) 回合间歇

（经过一两天的学习，孩子已经熟悉了该项学习内容）

图片配对教学第二步：引入分心物

孩子目前的水平：

经过一两天的学习，孩子已经熟悉了该项学习内容，但还没有表现出能够独自正确配对的能力。

辅助等级：从手把手的辅助变为提示的辅助方式。

教学过程：

（1）呈现教学材料、提出要求（指令）

在桌子上摆出"碗""电视机"的图片，然后将"勺子"图片递给孩子，同时提出要求——"配对"。

（2）辅助

发出指令后，马上用手指一指"碗"图片。

（3）观察反应

等待5秒钟时间，如果孩子将"勺子"放到了"碗"图片上，则进行（4）；如果没有，不管孩子表现出什么行为，都进行（5）。

（4）强化

配对好"勺子"和"碗"图片后，表扬孩子："做对了！"并给予事先准备好的物质强化物。

（5）错误矫正程序

摇摇头，对孩子说"不对"，然后收回"勺子"图片。过2~3秒钟后，再将"勺子"图片递给孩子，同时提出要求——"配对"。之后，马上给予孩子手把手的辅助（比预定的辅助等级程度更高一级的辅助形式）。完成后，说"这次做对了"，但不给予物质强化。

（6）记录

将孩子的表现记录在记录表中——"在手把手辅助下完成"（可用符号代表，符号前划"-"号，表示没有在预定的辅助下完成，而是提高了辅助程度）。

（7）回合间歇

（经过数天的学习，孩子已经能够在80%的回合中，在提示辅助下将图片配对好）

图片配对教学第三步：达到独立要求

孩子目前的水平：

在提示辅助下达到80%的正确率。

辅助等级：由提示辅助改为无辅助（要求孩子独立完成）。

教学过程：

（1）呈现教学材料、提出要求（指令）

在桌子上摆出"碗""电视机"的图片，然后将"勺子"图片递给孩子，同时提出要求——"配对"。

（2）辅助

发出指令后，不给予任何辅助。

（3）观察反应

等待5秒钟时间，看孩子能否独立将"勺子"图片正确地配到"碗"图片上面。如果做到了，则进行（4），否则进行（5）。

（4）强化

表扬孩子："做对了！"并给予事先准备好的物质强化物。

（5）错误矫正程序

摇摇头，对孩子说"不对"，然后收回"勺子"图片。过2~3秒钟后，再将"勺子"图片递给孩子，同时提出要求——"配对"。之后，马上给予孩子提示的辅助（比预定的辅助等级程度更高一级的辅助形式）。如果孩子在提示辅助下做对了，就对孩子说"这次做对了"，但不给予物质强化。如果仍然没有做对，则再次进行"错误矫正程序"，即摇头说不对，然后重新发指令，这次给予手把手的辅助（比前一次孩子失败时的辅助程度更高一级的辅助形式），完成后告诉孩子"这次对了"，但不给予物质强化。

（6）记录

根据表现给予记录，如果独立完成，则照此记录；如果在提示辅助下完成或在手把手辅助下完成，也照此记录，但在相应符号前划"－"。

（7）回合间歇

当孩子能够在80%的情况下独立完成配对任务后，这项内容就可以视为掌握了。之后，可以加入更多的分心物（比如"鞋"的卡片）练习，以巩固这一学习成果。这一任务将来还可以作为维持项目，穿插在其他学习项目之中。

根据上述例子，总结要点如下。

（1）把握好孩子的掌握程度，确定往前走的时机和步伐

学习任何新的项目，刚开始时都应该在程度最高的辅助（比如，手把手的辅助）下进行，这里实际上也是在采用"零错误学习"的策略，目的是为了让孩子能够100%地表现正确，从而获得强化的机会。这可以让孩子更容易了解学习内容、要求，还可以提高孩子的学习动机。通常，在每个新内容学习的第一个阶段，都要进行"零错误学习"，为接下来的学习打下基础。

在手把手的辅助下，进行了一两天的"零错误"教学后，孩子已经熟悉了该项学习内容（具体表现可能是，在有的回合里不等老师的辅助，就表现出了把"勺子"图片放到"碗"图片上去的行动趋势）。在这时，就可以考虑将教学向前一步了——将辅助程度降低（从手把手的辅助变为提示辅助），并引入分心物（真正开始辨别与配对图片的学习）。同样，在这一阶段的教学进行数天后，孩子能够在80%的回合中，在提示辅助下做对，才可以考虑继续提高难度，要求孩子独立完成。当他能够在80%的回合里都独立完成时，才可以判定孩子学会了这项内容。

上述的阶段和持续的教学时间只是作为例子提出，不同的孩子在学习不同的内容时，进步有快有慢，应当根据实际情况确定在什么时候提高要求。如果在某个阶段，孩子学了一个星期都还没有什么进步，这时就要考虑是不是步子跨得太大，尝试将难度降低一些。一定要注意巩固和泛化学

习过的内容。可以将这些内容穿插到今后的回合试验教学中。

（2）注意强化的淡出

由于上面的例子没有将每一天教学的场景都一一描述出来，因此看不出强化的淡出过程，但这一过程是非常重要的。强化淡出的方法有两种：减少强化的强度，如逐渐地减少给孩子的糖豆、小红花的数量等；减少强化的频率，如从开始时每做对一次就给予强化，到后来做对两三次才给予强化。洛瓦斯教授所讲的"越是经济地使用强化物，效能才越大"这句话，在回合试验中也是一个真理。

（3）错误矫正程序中辅助程度的把握

在上面的例子中可以看到，如果孩子没有在预定的辅助下做对，那么就要开始错误矫正程序。在这个程序中，辅助的程度要提高，但要逐步地进行，不可因为着急一下子就回到手把手的辅助上去，这样就剥夺了孩子自己纠正的机会。当然，在错误矫正时，也要根据情况决定是不是要给孩子更多的辅助。如果发现孩子是由于注意力不集中没有听清楚指令（要求），或因为不配合的原因导致没有作出正确的反应，那么这时无需提高辅助程度，只要再重新发出要求，再给孩子一次机会就可以了。如果发现孩子确实是不会做，才提高辅助的程度。

一个社交语言类学习项目的例子：回答"你叫什么名字"。

第一步：言语提示

孩子目前的水平：不会说出自己的名字，但能够即时模仿大人的语言。

辅助等级：言语提示辅助。

教学过程：

（1）呈现教学材料、提出要求（指令）

问："你叫什么名字？"

(2) 辅助

在问话之后，稍等一两秒钟（这是为了将问句和答句区分开），接着提示孩子回答："我叫××。"

(3) 观察反应

等3~5秒钟，看孩子是否能正确模仿回答。如果正确就进行(4)，否则则进行(5)。

(4) 强化

夸奖："真不错，××真棒啊！"同时给予物质强化物。

(5) 错误矫正程序

摇摇头，重新问孩子："你叫什么名字？"之后凑近孩子大声说出"我叫××"，并夸大口型，让孩子更易于模仿。如果孩子能够模仿，则给予夸奖但不给物质性的强化。如果仍然没有模仿，则再次进行这样的错误矫正步骤。

(6) 记录

按照孩子的实际表现予以记录。

(7) 回合间歇

语言类的项目，一个小节进行3~5次即可，最好穿插进其他学习项目，不要一遍又一遍地不断重复同样的问题，显得既僵化又不自然。进行数次言语提示辅助下的教学后，就可以提高难度，即降低辅助的程度。

第二步：半言语提示

孩子目前的水平：在问"你叫什么名字"后，每次都能够模仿大人的回答"我叫××"。

辅助等级：半言语提示辅助。

教学过程：

(1) 呈现教学材料、提出要求（指令）

问:"你叫什么名字?"

(2) 辅助

在问话之后,稍等一两秒钟(这是为了将问句和答句区分开),接着仅用一个字提示孩子"我……"。

(3) 观察反应

等3~5秒钟,看孩子是否能正确模仿回答。如果正确就进行(4),否则则进行(5)。

(4) 强化

夸奖:"真不错,××真棒啊!"同时给予物质强化物(注意,并非每次都要给予物质强化)。

(5) 错误矫正程序

摇摇头,重新提问:"你叫什么名字?"之后提示孩子:"我叫××。"如果孩子能够模仿,则给予夸奖但不给物质性的强化。如果仍然没有正确地模仿,则重新问孩子"你叫什么名字",并进一步提高辅助的程度——凑近孩子并夸大口型。

(6) 记录

按照孩子的实际表现予以记录。

(7) 回合间歇

经过第二步半提示辅助下的学习,孩子在80%的情况下都能正确回答,则进一步提高要求。

第三步:要求独立回答

孩子目前的水平:在半提示下,回答的正确率达到80%。

辅助等级:无辅助。

教学过程:

(1) 呈现教学材料、提出要求(指令)

问:"你叫什么名字?"

（2）辅助

无任何辅助。

（3）观察反应

等 3~5 秒钟，看孩子是否能正确模仿回答。如果正确就进行（4），否则则进行（5）。

（4）强化

夸奖："真不错，××真棒啊！"同时给予物质强化物。

（5）错误矫正程序

摇摇头，重新提问："你叫什么名字？"之后提示孩子："我……。"如果孩子能够模仿，则给予夸奖但不给物质性的强化。如果仍然没有正确地模仿，则重新问孩子"你叫什么名字"，并进一步提高辅助的程度——完整地提示"我叫××"。如果还未能正确模仿，则退回到更高程度的辅助方式上去——凑近孩子并夸大口型。

（6）记录

按照孩子的实际表现予以记录。

（7）回合间歇

当孩子能以 80% 或更高的正确率回答时，就可以停止该项目的练习。在以后的生活中，可以在适当的时机问他的名字（如带孩子看图画书时，见到小熊，就告诉他："它的名字叫小熊，那你叫什么名字啊？"），或者在适当的场合让别人问他的名字（如在街上遇到邻居时，请邻居发问），经常练习、巩固这项技能。

不同的学习内容，采取的步骤当然是不尽相同的。对于不同学习能力的孩子来说，学习的进度也应给予个别的安排。以上两个例子只是抛砖引玉，绝不是什么标准教案。但它所体现出的循序渐进的原则，在每个学习项目的教学中都应当加以贯彻。其中，辅助等级的逐步降低直到完全撤除辅助，执行错误矫正程序时一步一步提高辅助程度，逐步淡出强化，采用80%的正确率作为前进的标准，这些做法非常值得借鉴。

从上面的例子中可以看出，对于某一项技能，从开始学习到最后掌握需要经历一个循序渐进的过程。这个过程可能很缓慢，也可能很迅速，视孩子的掌握能力和现有水平而定。一般而言，一项特定技能的学习需要经历如下几步才算是真正掌握了。

第一，获得技能。开始掌握该项技能，能够独立地表现出该技能来。比如，学会独立用勺子舀饭菜，学会写自己的名字，学会自己穿上衣。

第二，能够顺畅地表现出。掌握一项技能后，有时还必须能够快速、顺畅地使用这项技能才能算真正学会。比如，如果用勺子吃饭太不熟练，吃一顿饭需要一个小时，那么还不能说孩子已经很好地掌握了这个技能；如果写自己的名字需要考虑很长时间，写五分钟才能写完，也显然没有达到日常生活和学习的要求；如果自己穿一件上衣要半个小时，那每天早上还是需要大人代替穿衣，要不就一定会耽误大人上班、孩子上学。

第三，泛化技能。也就是在不同的场景中、面对不同的人都能表现出学过的技能。比如，在家里可以用勺子吃饭，在幼儿园和学校也能；妈妈让穿衣服时可以自己穿好，老师让穿衣服时也同样能穿好。

第四，保持技能。也就是所学的技能能够保持很长时间不忘记，能一直表现得出来。

第五，调整技能。也就是"举一反三，触类旁通"的能力。比如，不光能用自己的小勺子吃饭，还能用家里其他人的大勺子吃饭；不仅会穿短袖的上衣，还会穿长袖的上衣。

这些要求都是在教孩子学习知识和技能时需要达到的，只有这样才算是真正掌握。有时这需要长期的过程，但孩子就是在这样逐渐的积累中一天一天进步的。

第七章　在日常生活中使用 ABA

情境教学
——让生活充满学习机会

　　以 ABA 为基础的教学方法不仅包括回合试验教学一种，还包括我们常说的"随机教学"，或称"情境教学"。情境教学（Milieu Teaching），顾名思义就是在自然的日常生活情境中，寻找或创造教学机会，通过成人和孩子的互动教孩子学习和练习知识、技能。情境教学和回合试验教学有很多相似之处，都遵循同样的原则，形式上也有类似之处，只是它更强调自然的情境、自然的学习机会、自然的辅助方式和自然的强化方式，并且更加要求关注孩子的兴趣。

　　前面介绍过的回合试验教学，要求有相对固定的教学地点、教学时间，并遵循相对固定的步骤进行。这样的教学具有系统、密集、强度大的优点，但也存在不足：它不够自然——重复数次同样的回合，给孩子和教学内容无关的强化物，这些都与我们所习惯的教学方式不相符合。回合试验教学的场景与日常生活情境相差巨大，这导致仅靠回合试验教学不能促使孩子把所学到的技能泛化到日常生活当中去。由于这些缺点，我们需要以其他形式的教学弥补回合试验教学的不足，或者说增强回合试验教学的效果。情境教学就是能够起到这一作用的教学方法之一。

　　情境教学与回合试验教学之间最显著的区别就是在自然的情境当中

进行教学。情境教学是在日常的生活当中寻找或创造教学机会,"伺机而动"地将教学穿插在生活事件当中。因此,它的教学时间、教学次数是无法作出准确估量的。如果把回合试验教学比作"阵地战"的话,那么情境教学就像是"游击战",也许它不像"阵地战"那样能达到集中解决、"毕其功于一役"的效果,但它可以通过不断的刺激,补充和巩固阵地战的"战果"。

情境教学专指在生活场景中增进孩子表达、沟通能力的教学。本节所讲的情境教学的含义并不限于这一专用名词,也不仅限于沟通领域。除情境教学这一提法外,随机教学这个名词也广为人知,有人将随机教学视为情境教学中的一种方法,但实际上二者大同小异,讨论谁大谁小、谁包含谁是学者们的任务,本节对两个提法不再详细地区分。

如前所述,情境教学是在日常生活场景中寻找和创造教学机会,并利用这些机会教孩子知识和技能。所以,要掌握情境教学方法有两个要点:如何寻找和创造教学机会?如何利用这些机会?

一、寻找和创造教学机会

可以说生活中任何一个场景、事件都可以用来教孩子学习。比如,在路上碰到邻居叔叔阿姨时,就是教孩子学习打招呼的好机会;从超市买回来一袋糖果,打开包装袋的过程中就有教孩子学习使用剪刀的好机会;在公园观赏五颜六色的花朵时,就是教孩子认识各种颜色的好机会。所以说生活中不缺乏教学机会,需要的只是一双善于发现机会的眼睛。在看到教学机会后,还需要对教学机会作出判别:哪些教学机会对孩子来说有意义?换句话说,哪些教学机会对特定的孩子来说是可用的?这里需要考虑两个因素:孩子的水平,孩子的兴趣和动机。

第一,教学机会要符合孩子的现有水平,不能低,也不能超过太多。以打开包装袋为例,对于一个两岁的孩子来说就不是好的机会,因为他的精细动作技能决定了他还没有做好学习使用剪刀的准备。即使这时手把手地和他一起完成剪的动作，孩子也是完全被动完成这个动作的，在这个过程中学不到任何东西。而如果在剪开包装袋前，请孩子把放在桌子上的剪刀递给你，这个任务就更符合两岁孩子的能力水平，可以说是一个更好的教学机会。再考虑另一个生活中常见的场景，在进家门前要拿钥匙开锁，然后推开房门。用钥匙开锁，对一个精细动作很差的孩子就不是一个好的教学机会；推开房门，对于一个粗大动作非常好的孩子也不是一个好的教学机会。前者是因为开锁动作远远超出了孩子的水平，后者是因为推门动作远远低于孩子的水平，它们都不能有效地促进孩子的学习，反而可能引发孩子的反感和抵抗，进而发生问题行为。

我们对教学机会的选择，应当考虑：这个机会对孩子的要求是否处于他的最近发展区内？只有答案是肯定的，这个教学机会才有意义。

第二，还要考虑孩子的兴趣和动机。在回合试验教学中，可以利用强化物增强孩子的学习动机，但在自然的生活中，我们不可能每时每刻都手拿着孩子喜爱的强化物，随时准备着给孩子以强化。所以情境教学更注重激发和遵从孩子的内在兴趣，在孩子喜欢的活动当中找到适当的教学机会。比如，在和孩子一起玩的时候，应当给孩子更多的选择机会，从事他所喜欢的活动。在孩子的兴趣和注意力转换时，不要过多地干涉，而应跟随孩子的注意力相应地变换活动内容。在孩子玩玩具时，可以让他以自己喜欢的方式去玩，不管他的方式是不是"正常"的。只有在孩子感到轻松无压力的氛围中，他才愿意回应我们提出的要求。另外，尽管生活中充满着教学机会，但绝不可滥用，不能一天到晚不厌其烦地让孩子做这做那，这样虽然表面上让孩子有了更多学习和练习技能的机会，但实际上却会增加孩子的压力感和厌烦情绪，导致什么都学不了，最后白白浪费掉这些教学机会。"欲速则不达""心急吃不了热豆腐""一口吃不成大胖子"，这些俗语都在提醒我们不能着急，要给孩子一定的自由空间。生活毕竟不等于教学，我们没有权利把孩子的一切生活都变成情境教学。

除了等待教学机会出现外，还可以有意识地创造一些情境，引发教学机会的出现。以下是一些可以利用的方法。

（1）制造"意外事件"

和孩子在一起时，故意做一些孩子意料之外的事或说一些奇怪的话，可以让孩子对大人的奇怪活动有所反应，这时就是好的时机，可以教孩子发问或提出要求。

> 楠楠父子两人在玩积木。楠楠在把一块块积木对接起来，似乎在搭一辆小火车。爸爸从积木盒里每拿出一块长条积木递给孩子，楠楠就把积木和其他积木摆在一起，小火车变得越来越长。可是这次爸爸突然拿了一块圆形的积木给了楠楠，楠楠拿到后显得很错愕，似乎心里在想："嗯？怎么变成这样的圆积木了？"他扭头看着爸爸，然后又看看积木盒，好像想要换一块长条的积木。爸爸看到楠楠的表情，故意不说话，也不做任何反应。楠楠只好用手指着积木盒，说"积木，积木"。爸爸引导他说："要积木吗？"楠楠说："要。"爸爸进一步扩展问话："要什么样的积木？圆的还是长方形的？"在爸爸的提示下，楠楠最后说出了"我要长方形的积木"。

在放置孩子喜欢的玩具的地方，改为摆放孩子并不喜欢的东西，这也是一种"意外事件"，可以达到激发孩子沟通动机的目的。

在和孩子玩游戏的过程中，经常引入一些特定的规则或常规，比如和孩子轮流玩某样玩具，和孩子进行交换。让孩子适应、熟悉并配合这些常规后，偶尔变动这些常规，就能够给孩子带来意外，从而创造教学的机会。

(2) 限制孩子得到满足的机会

在生活中过多地满足孩子的需要，实际上是在剥夺孩子的学习机会。因为当孩子有需要而没有得到满足时，往往是他表达动机最强烈的时候。可以有意识地制造这样的情境，激发孩子的表达意愿。

小蓓特别喜欢吃山楂，但爷爷觉得吃太多山楂对身体不好，就把山楂放到了高高的书柜上，让小蓓自己够不到。但小蓓一进书房还是能看到书柜上放着的山楂，然后就会去拉着爷爷的手到书柜前，想要爷爷把山楂拿下来给她。爷爷想了个办法教她用适当的方法表达这个意愿：在书柜的下部，小蓓能够到的地方贴了一张山楂的图片。每当小蓓拉爷爷来到书柜前时，爷爷就会辅助她指一指自己，然后指一指山楂图片，最后才会拿山楂给小蓓。

把孩子喜欢的东西放在透明但密封的容器里，也是可以考虑的办法。满足孩子的要求，但只是部分地满足，也可以激发出孩子沟通的需求。

(3) 未完成的活动

在孩子很喜欢的活动中，给孩子不完整的材料，使他无法一下子完成这个活动，这时孩子就会有表达要求的强烈需求，因此也是很好的教学时机。比如，在玩拼板游戏时，本需要六块拼板才能组成完整的小兔子图案，但一次只给孩子五块。当孩子把手中的五块拼好后会发现少了一块，这时就有了表达的需要。在玩小汽车时，大人和孩子对坐在桌子旁，轮流把两辆小汽车推到对方面前。这样反复地玩几次，孩子熟悉了这一常规后，大人在推给他一辆小汽车后就停止，不显示出要继续推第二辆的打算。这一未完成的活动会激发孩子要第二辆小汽车的需求，进而可以引导孩子用适当的方法表达出来。

（4）给孩子做旁白

大人在一旁描述孩子正在做的事情，就像给电视剧做旁白一样，可以促使孩子把正在进行的活动与语言相联系起来。这是提高儿童语言理解能力的重要方法。比如，当孩子拿杯子喝水时，可以说"××在用杯子喝水。杯子，喝水"。在合适的时候，还可以让孩子简短地重复大人的话，以加深头脑中词语和实际物品间的联系。

（5）扩展孩子的语言

在和孩子对话时，把孩子的话扩展为更完整、内容更丰富、句型更复杂的话，也可以增进孩子的语言技能。比如，孩子想要吃糖时说"糖，糖"，大人可以拓展这句话为"我想要吃糖""我想吃盒子里的糖"。在和孩子一起看图画书时，如果孩子只会用很简短的话甚至一两个词描述所看到的画面，大人可以根据图画将孩子的话补充成完整的长句，然后引导孩子模仿。

（6）提供选择的机会

近年来在特殊教育领域，培养孩子自我决定的能力逐渐受到重视。有人指出自我决定的能力对于孩子生活、学习的独立性培养至关重要。从众多可选的东西中作出选择，就是自我决定能力的重要体现。给孩子选择的机会，不仅能增进孩子的兴趣和参与动机，也为孩子提供了进行判断、抉择的学习机会。可以提供的选择机会有很多，比如物质类的选择：让孩子选择自己喜欢的强化物、喜欢的玩具等；社会性的选择：喜欢和爸爸还是妈妈一起玩游戏；对时间因素的选择：在游戏中大家排队轮流做某个动作时，愿意做第几个。给孩子不同类型的选择机会，同时也要考虑增加选择的难度，比如，从一个很喜欢的东西和一个不喜欢的东西中作出选择很容易，但从两个都很喜欢的东西中作出选择就难一些，需要考虑更多的因素。

二、利用教学机会完成教学

找到或创造出了教学机会后，还要加以利用才能达到教学的目的。自然情境中的教学和回合试验形式的教学遵循着同样的原则,要注意如下几点。

第一,做好辅助。在对孩子提出要求,或激发出孩子表达沟通的意愿后,要视情况给予一定的辅助,帮助孩子作出适当的反应。辅助要采取适当的方式,还要注意最好只给孩子最小程度的辅助,这样有利于减少辅助,促进孩子的独立性。另外,在情境教学中也要注意辅助的撤除,逐步使孩子能独立作出适当反应。

第二,做好强化。如果孩子作出了正确的反应,应当给予强化。强化的形式可以有物质的强化、活动的强化、社会性的强化,也可以用代币的形式进行。由于在日常生活情境中的教学,我们不可能把孩子的物质强化物随时带在身边,所以活动性强化、社会性强化更现实些,代币强化也很可行。另外,在情境教学中,应当更多地考虑使用自然的强化,也就是能够和行为自然相关联的强化物。它能使情境教学进行得更自然、顺畅,孩子也不会由于消费强化物中断正在进行的活动。

第三,纠正孩子的错误。当孩子的反应出现错误时,当然是要予以纠正的。按照日常的习惯,当孩子出现错误时总是会二话不说地马上加以纠正,而且大多情况下直接手把手地替孩子完成动作。这样做的坏处是,此时孩子可能无法将大人所纠正的动作与相关的指令联系起来,从而达不到纠正的效果。最好参照回合试验教学中的错误矫正程序来纠正:先告诉孩子"不对",然后重新提出要求,或等待/创造下一次的教学机会,并给予更多的辅助。

【延伸阅读】MILIEU TEACHING

前文提到,有人专门提出过"Milieu Teaching"的教学模式。作为提高孩子语言能力的特定教学方法,这个名词也译为"情境教学",但本节所讲的情境教学并不是这种特定的教学方法。在此对"Milieu

Teaching"做一个简要的介绍,希望它可以帮助您更好地理解本节所讲的内容。

"Milieu Teaching"最早是由哈特和瑞斯利(Hart & Risley)在1968年提出来的,最初他们称之为"incidental teaching"(可译为"随机教学")。后来又有一些人提出了不同但类似的激发孩子语言沟通能力的教学方法,与"incidental teaching"并列在一起,称为"Milieu Teaching"。这一教学方法要求在自然的环境中进行语言教学,并且应当以儿童有兴趣的主题为教学内容。语言训练的内容必须包含功能性语言(即表达一定需求和愿望、实现一定的外部功能的语言),要制定明确的教学目标。在孩子说出语言后,给孩子提供自然的反应结果。

在情境教学中,有一些特定的程序可用于激发和辅助孩子的语言沟通,比如"Mand–Model"(提要求—示范)和"Time Delay"(延迟)。

提要求—示范教学的程序:

(1)大人(或孩子)发起一次互动,并建立共同注意(即同时注意同一个物体或事件);

(2)大人问孩子一个问题,如果孩子部分地回答,大人就继续追问一个更为细化的问题;

(3)如果孩子并未回答好大人的问题,但仍然对这个话题表现出兴趣,大人就给予更多的辅助;

(4)当孩子作出适当的回答后,给予一个和该话题有关的强化,以及社会性的强化,比如下面的例子。

孩子正在用勺子把盆里的大米舀到碗里面。

大人:你在干什么?

孩子:(没有作出回应)

大人:告诉我。

孩子：米。

大人：好，跟我说："舀米。"

孩子：舀米。

大人：对！很好！你从盆里舀米到碗里面。

延迟的操作方法：

（1）大人靠近孩子，拿着一件孩子感兴趣的东西，用期待的眼神看着他；

（2）当孩子注视大人后，大人依旧保持刚才的动作和期待的眼神，等待5~15秒钟；

（3）如果孩子在这段时间里没有主动地作出反应，大人就开始给予提示，并在接下来的过程中通过问话扩展和孩子的对话（类似提要求—示范教学的程序）。

1982年，哈特和瑞斯利对十几年中众人对情境教学法的研究和试验进行了系统的总结，归纳出了该教学法的九大要素，使之更加系统化、具体化。这些要素包括：

①环境（setting）：设置一个有利于激发孩子沟通的环境，把孩子喜欢的物品和活动材料放到这一环境中，以增加孩子沟通的动机；

②教学者（teacher）：应当由一位儿童十分亲近的成人进行教学，这个成人要懂得如何给予儿童适当的协助；

③行动（action）：成人可以创造一些特定的场景，激发儿童的沟通动机（比如前面介绍的延迟的方法），或者一边做别的事情，一边密切地注意儿童，等待他主动发起对话；

④开始（initiation）：当开始一段和孩子的对话时，成人要给予充分的注意，并给予鼓励的微笑，一直关注于孩子所提出的话题；

⑤确认（verification）：如果成人不能确定儿童的谈论主题是什么，

可以追问孩子；

⑥细化问题（elaboration request）：成人通过询问细化具体的问题，帮助儿童扩展和充实语言；

⑦辅助（prompt）：当儿童没有作出适当的回应时，或者说"我不知道"时，成人给予适当的辅助，如语言提示等；

⑧示范（model）：当儿童还是不知道怎么回答，或者仍然说"我不知道"时，成人把正确的回应方式告诉儿童，并要求他照说一遍；

⑨给予肯定和强化（confirmation）：当儿童说出正确的话时，成人必须即时给予肯定，让儿童知道他回答正确了。此时，可以再示范一次扩展后的句子，并满足儿童之前提出的要求（比如，应孩子的要求给予他帮助，允许孩子做要求做的事情，回答孩子所提出的问题，把孩子想要的东西给他等）。

维持与泛化
——保持和应用学会的技能

给予孩子密集的教育训练，最终目的在于使孩子在没有大人监控的情况下，在所有的地方都能够长久地保持、应用已经学会的技能。用专业一点的词语表达，就是要做好"维持"和"泛化"。

所谓维持，是从时间上来讲，孩子要能长久地保持学会的技能不忘记；而泛化则是从场合、人来讲，孩子不仅仅能在当初接受训练的场景下表现出所学的技能，而且在其他所有场合中也应能够表现出适当的行为来；不仅在教他这项技能的人面前，而且在其他所有人面前都能表现出来；不仅能对最初接受教学时的指令作出正确反应，而且对含义相同但形式不同的指令也能作出正确反应。对于普通的孩子来说，在生活中学会的技能基本能够自动得以维持和泛化（读、写、算等技能除外），因为在日常生活环境里他们能够遇到很多练习这些技能的机会，通过自然的练习就可以保持下来。但对于我们的孩子来说，情况就要困难一些，他们一般不能自己独立保持已学会的技能，不会在情境和人之间进行举一反三、融会贯通。这就要求我们多动脑筋，多下功夫，帮助他们做到维持和泛化。

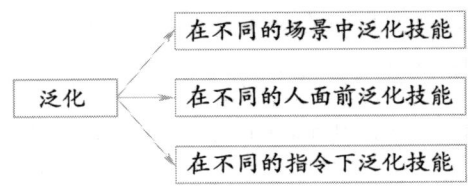

前面已经提到不少有助于维持和泛化的方法，下面先对这些已提及的方法进行一个总结，再介绍几个可用于促进维持和泛化的方法。

一、有助于维持和泛化的方法

1. 关于强化策略的方法

强化是 ABA 最基本的策略，它能够用于增加好行为发生的机会，当然也能用于强化"维持和泛化"的行为。具体地说，就是当看到孩子有维持和泛化的表现时，就给予强化，使其稳定地保持下来。例如，今天上午教了孩子和人打招呼——说"你好"，在下午孩子见到爷爷、奶奶时说了"你好"，就应该马上给予强化。因为这是维持、泛化的表现：上午学习的技能维持到了下午；不光对"你"会说"你好"，而且将其泛化到了爷爷、奶奶面前。

采用可变强化程序也可以促进技能的维持。我们曾讲到过，使用可变比率和可变时距的强化程序，有助于提高强化的效果，使孩子的行为长久地保持下去。

适当地淡出强化也有利于技能的维持。比如，有研究发现，在教学中，如果并不在每次孩子做对后都给予物质强化，而是在一节课后给予孩子一次大的强化，能更好地促进孩子对所学技能的保持。

2. 关于刺激控制策略的方法

如果孩子主动表现出了维持和泛化，我们就可以给予适当的强化从而增强效果。这当然是最理想的情况，但现实和理想之间总有差距：孩子们在一般情况下不会自动地维持和泛化已经学会的技能，使得我们要想强化也无从下手。这时应该怎么办呢？"搭梯子策略"告诉我们：可以先通过辅助等手段，帮助孩子表现出维持和泛化，然后再给予强化。还以打招呼为例，上午教了孩子说"你好"，下午遇见了爷爷、奶奶，可以等待孩子的反应，看他会不会主动说"你好"。如果等了几秒钟后孩子还没有任何主动打招呼的迹象，这时就应该给予辅助了。可以拍一拍孩子的手，指一指爷爷、奶奶，做出"你好"的口形给孩子看，这样来提醒孩子。借助于这些提醒，孩子很可能就会向爷爷、奶奶打招呼了。此时，想要强化的行为就出现了，不要犹豫，马上夸奖孩子，并且可以给他适当的物质奖励。假如，在你的提醒下孩子仍没有说"你好"，可以提高辅助的程度，直到孩子能说出"你好"并得到强化为止。

3. 使用自然的强化物

前面已经讲到，要尽可能多地使用"自然的强化物"。所谓自然的强化物就是和孩子的行为自然关联的强化物。比如，教孩子学习拿勺子舀饭，最自然的强化物应该是他舀到的饭。越是自然的强化物，孩子越有可能在日常生活中遇到。如果我们在教学中多选择使用自然的强化物，让孩子适应、习惯这些强化，那么在日常生活中孩子再遇到这些强化物时也能同样起到强化的作用，也就是说自然的生活环境自动地强化孩子。这不光能节省我们的精力，还能保证孩子得到的强化更加及时、充分。实际上，自然的强化物还有利于促进技能的维持和泛化，因为自然的生活环境可以代替我们，对孩子表现出的维持和泛化给予及时、充分的强化。

4. 在减少坏行为的同时教孩子学习好行为

我们不止一次地提到，在减少坏行为的同时，一定要同时考虑教孩子学习相应的好行为,因为这才是我们的最终目的。同时,这样做也能使我们减少坏行为的努力在更长时间、更多场合里生效。比如,在"差别强化"(参见第三章第二节)中讲过一个例子:小萌用哭叫来表达要求。这是不好的行为,必须减少它,但同时还要考虑教小萌用适当的方式——用手势来表达要求。这样就使小萌无论是在家里还是在学校,无论是想要得到酸酸乳、雪花片还是想得到其他东西时,都能以手势这种适当的方式表达要求,从而从根本上保证哭叫的行为不再出现,也就是说,坏行为的减少得到了维持和泛化。

5. 使用视觉提示

我们曾将视觉提示作为一种重要的辅助手段进行介绍。视觉提示的好处已经讲过很多,但它还有一个好处,就是在特定情况下可以促进技能的维持和泛化。比如,下面这个曾提到过的例子中使用的视觉提示形式,就能够起到这种作用。

有个脾气十分暴躁的孩子,遇到不愉快、不称心的事情时总是控制不住自己,经常出现打人、大喊大叫等行为。他经常在妈妈做饭的时候由于等待而出现这些不良行为。为了帮助他学会自控,我们为他制作了一张卡片,上面用简单的图画表示出了在感到急躁、不顺心时应该如何控制自己的情绪。

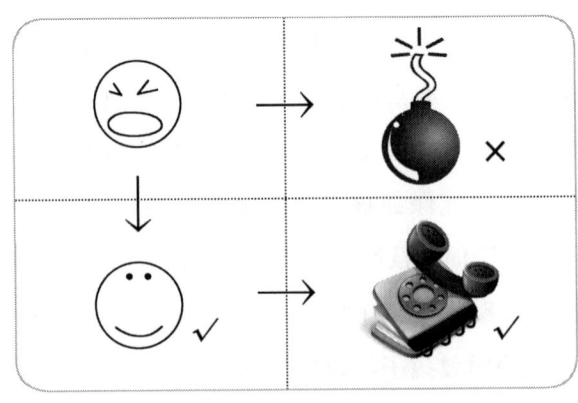

这个视觉提示卡的意思是:"当我感觉很饿但暂时没有饭吃的时候,像一个炸弹那样大发脾气是不对的。我应该努力使自己平静下来,然后去玩我喜欢的玩具电话,这样就会不饿了。等一会儿妈妈把饭做好,我就可以吃了。"通过一段时间的学习,这个孩子学会了以平静的心情等待开饭。除此之外,这个办法还收到了意外的效果:在等待开饭之外的其他场景中,这个孩子也在简单提示下学会了用视觉提示卡提醒自己控制情绪;在各种场合中,他发脾气的现象都大为减少了。

之所以会有这样的意外收获,是因为类似于上图的视觉提示手段实际上作为一种"自生泛化媒介"在起作用。所谓"自生泛化媒介",就是由儿童本人使用的、能够在不同场合下提醒自己的东西。日常生活中最常见的自生泛化媒介就是听课时记录的笔记。如果我们把听课笔记整理、保存好,并且在需要的时候拿出来回顾温习一下,能够帮助我们在听课之后很长时间、很多场合运用好听到的知识。对于孩子们来说,各种视觉提示就是我们为其准备的"笔记",借助于这些手段,孩子们能更自然、更顺利地将已学的技能维持和泛化到生活中去。

二、促进维持和泛化的其他办法

除了上述曾提到过的方法外,还有一些方法可以帮助孩子维持和泛化所学的技能。

1. 更换不同的环境、不同的教学者

所谓"种瓜得瓜,种豆得豆",既然我们希望孩子在不同情境、不同人面前都能表现出已学习的技能,那么在教他学习的时候,就应该更换不同的情境、不同的教学者。

不少家长都遇到过这样的情况,学校或机构的老师说孩子学会了某样东西,可在家里却发现他还没有学会,这就是没有做好泛化,孩子在学校环境中能够表现出的技能没有被泛化到家庭中去。所以,有经验的老师总会把在学校学习的内容告诉家长,请家长在家里带孩子

温习一番。有时学校会定期为孩子更换老师，这也是出于泛化的需要，因为这样能够促使孩子适应不同的人，在任何人面前都能正常表现已掌握的技能。

2. 增加教学环境和家庭环境的相似性

大多数孤独症儿童具有刻板的特征，他们往往难以适应经常变换的环境，面临陌生的情境时不但不容易正常表现出已有技能，而且可能出现问题行为。对多数孩子来说，这个特征是很难一下子改变的，因此我们不得不在教学和生活中去适应这个特征而不是强求改变它。为了让孩子在家庭里能够顺利地运用在学校学习的技能，有时要尽量把教学环境布置得像家庭环境一样，尤其是教一些生活自理类的技能时更是如此。比如，在学校里面教孩子上厕所、洗手或烧热水，那么最好将便器、洗手池、灶台布置得和孩子家里类似，这样就能使孩子在家里上厕所、洗手、烧水时见到类似的环境，从而顺利地行动。有的家长说孩子在学校能自己洗手，可到了家就不会了。仔细一了解才知道学校是老师用盆接好水让孩子洗手，而在家里父母则要求孩子自己打开水龙头后洗手。家里的环境和要求与学校截然不同，甚至简直就是两项不同的技能，让孩子怎么泛化呢？

3. 教"关键反应"[①]

关键反应是美国洛杉矶大学圣芭芭拉分校教授罗伯特·凯格尔提出来的。他认为，采用 ABA 的方法训练孩子固然有效，但传统的 ABA 方法要求分析每一个细小的行为，逐个教学，这种"种瓜得瓜、种豆得豆"的效率实在有限。于是，他提出挑选一些具有代表性的"关键反应"教给孩子，孩子在学会这些关键技能后，能够自然地衍生出与之相关的技能，这样就大大提高了教学效果，也增进了孩子自我发展的能力。

---

① 注：参见《孤独症儿童关键反应掌中宝》，[美] 罗伯特·凯格尔、琳·柯恩·凯格尔著，胡晓毅、王勉译，华夏出版社，2015 年出版。

这位专家提出的"关键反应"中,最强调的一项就是沟通技能,他认为孩子学会了如何与他人进行适当的沟通后,一些问题就会迎刃而解,许多技能就无需专门拿出来教孩子了。这么说当然是有道理的,可以想见,如果一个孩子能够顺利地向别人表达自己的愿望、需求、不满等内心感受,就不太可能用哭闹的方式要求得到喜爱的食品,也不太可能需要大人经常拿着视觉提示卡提醒自己不要以发脾气的方式宣泄不满。

其实不用强调,许多家长都会非常关注沟通的问题。据一位对儿童孤独症有丰富经验的医生统计,大约有70%以上的家长都是因为孩子三岁多还不会说话,意识到问题的严重性后才到医院就诊的。不过要注意的是,口语不等于沟通,沟通不限于口语一种方式。我们可以看到,耳聋的人士虽然不会说话,却会用熟练的手势表达自己,而一些发音、说话完全没有问题的孩子,每天只是废话连篇,连最简单的需求都不会表达。所以谈到沟通时,不要将思路局限于用口语沟通,手势、图片等都是有效的沟通方式。

除了沟通技能之外,生活自理也是很关键的技能。生活自理技能是一个大类,它包括穿衣、如厕、吃饭、睡觉、做简单家务等。很多情况下,孩子由于不会照料自己的生活而遇到许多困难,从而带来很多行为问题。因此,教孩子学会基本的生活自理技能,让孩子能够尽可能地独立生活,能够防止许多问题的发生。另外,生活自理能力的提高,能增强孩子对自身生活环境的熟悉和掌控感,这在很大程度上帮助孩子把从别的情境中学到的技能顺利地应用于生活环境中。

4. 多变换教学材料和指令

泛化不仅包括在不同情境中对不同人的泛化,还包含着对指令、反应的泛化。也就是说,同样的事情以不同的指令告知孩子他都能够明白并遵从,同样的学习任务用不同的材料他都能顺利完成。很多情况下,我们的孩子在掌握概念和学习技能时,往往不能自己进行概括。比如,教孩子认识狗的图片时，他学会了"耳朵支着的、黄色短毛、四条腿的动物"（狼狗）是狗，但当看到狮子狗、哈巴狗等其他种类的狗时，却仍不能辨认。再比如，教孩子指认狗的图片时，对孩子发出"指小狗"的指令。孩子对这个指令熟悉了、掌握了，可是当我们让他"摸一摸小狗"时，孩子又不明白自己应该做什么了。这些弱点都需要在教学中想办法加以克服，最简捷的方法就是要多变换教学材料，多变换指令。假如想教孩子学习认识五官，就不能总是拿一个人的脸让他认，而是应当变换不同人脸作为学习材料。在教孩子认识颜色时，不能总是一直用彩色的卡片教，而是应当经常拿同样颜色的不同物品给孩子看，并且在生活中遇到所学颜色的物品时随时指给孩子看。在家里吩咐孩子做事时，所用的语言也要在孩子能够理解的范围内适当地变换。

5. 增强孩子的内部动机

在"强化物和强化策略"（参见第二章第三节）中曾经提到过努力培养孩子内部动机的重要性。建立了内部动机，孩子就学会了自己给自己以强化，这在不可能得到密集而及时强化的集体学习环境（如普通幼儿园、小学）中是非常必要的。从内部进行自我强化，能够有力地巩固、保持所学过的技能。在此要再次提醒大家，一定要注意通过使用社会性强化，多夸奖、肯定孩子，让孩子意识到自己是很棒的，使他们从完成任务的喜悦中得到自信和满足，进而培养孩子的内部动机。

6. 教孩子学会通过观察来学习

我们提到过，行为主义心理学是 ABA 的理论基础。行为主义心理学一个很有影响的流派——"社会观察学习派"，十分强调观察学习的重要性，认为人所掌握的技能千千万万，不可能每个技能都是表现出来之后得到强化从而学习到的，其中绝大多数都是通过观察别人的行为受到强化而学习到的。很多儿童心理学的研究证实了这个理论。研究发现，正常的儿童在其早年发展的过程中，绝大多数情况下是通过观察他人来学习的。观察学习，是举一反三、触类旁通的最佳手段。然而遗憾的是，我们的孩子往往不会通过主动观察学习。不过，他们仍然可以学会观察学习。比如，有人曾让一些孤独症儿童通过看录像的方式学习生活自理技能，最终发现效果很不错，这就证明了我们的孩子也能培养出观察学习能力。通过研究，社会观察学习派的学者提出，有几个因素能够影响孩子观察学习的动机和效果：

◇ 孩子喜欢观察和模仿自己喜欢的人，比如和自己亲近的老师、妈妈、爸爸等人；

◇ 孩子喜欢观察和模仿自己能力范围之内的动作和行为；

◇ 孩子喜欢观察和模仿与自己能力水平相近的人的行为，如同班级、同年龄的同伴。

我们可以参考这几个因素，创设有利的环境，由孩子愿意观察模仿的人作出适当的行为，促进孩子的观察学习。在此过程中，积极地引导孩子去观察好的榜样、例子，逐步帮他们养成观察他人的习惯，并学会把看到的东西运用于自身，使之成为自己的技能。

第八章　组织规划长期的教学

为孩子的发展绘制蓝图
——制订教学计划

在前面的章节中已经提到了很多具体的教学例子，包括语言能力、精细动作能力、社交能力等。虽然可以借这些较为零散的例子领会各种教学方法，但对于每一个孩子来说，他所需要学习掌握的技能却不能零散，必须要涵盖所有的领域，而且要遵循一定的逻辑结构，彼此关联地组成一个整体，这样才能使孩子得到较全面的发展，更好地适应生活和社会。在本节中，就将介绍如何制订长期的教学计划，帮助孩子们循序渐进地达到长远的发展目标。如果说本书前面讲过的都是关于"如何用ABA教孩子"的话，那么本节所讲的就是"用ABA教孩子什么"的问题。当然，限于篇幅要求，同时由于本书的主要任务并非在此，本节只对此做原则上的整体介绍。

一、儿童发展的相关领域

在儿童发展心理学上，将儿童发展分解为若干个领域，笼统地划分为身体发展、认知发展、社会性发展等等。在教育中，往往也按照这样的划分，分门别类地进行教育。进行这样划分的好处在于可以更方便、更清楚地确定教学目标和教学内容，所以在几乎所有的教育形式、教育方法中都可以进行这样的划分。

还可以划分得更细致。比如《发展性障碍儿童心理教育评定量表》

（Psycho – Educational Profile，PEP）就将儿童的发展划分为七个领域，分别是：模仿、知觉、精细动作、粗大动作、手眼协调、认知表现、口语认知。而另一个著名的评估工具"基本语言和学习技能评估系统"（Assessment of Basic Language and Learning Skills，ABLLS）则划分得更细致，包括二十五个领域，分别是：配合与对强化物的反应、视觉任务、接受性语言、模仿、言语模仿、提要求、给事物命名、互动式语言、主动性语言、语法知识、游戏和休闲技能、社会互动、集体教学、教学常规、技能泛化、阅读、数学、书写、拼写、穿衣、饮食、盥洗、如厕、粗大动作技能、精细动作技能。这些领域可能有所重叠，但并不影响教学目标和教学内容的确定。在考虑孩子的发展时，不能笼统地说某个孩子功能高、某个孩子功能低，因为有的孩子可能在某些领域发展较好，而在某些领域缺陷较大。对每一个孩子都应按照各个领域的标准，作出具体的判断。这样才能为制定适合的教育目标打下基础。

二、制定目标和教学计划

1. 制定长远规划

"我希望孩子将来成为……的人""我希望孩子将来达到……的水平"，这是非常难于回答的问题。每一个人都希望自己的孩子能像其他孩子一样接受正规的学校教育，并最终自食其力，成为一个独立、自立的人，但理想和现实之间似乎总是存在着距离。更令人苦恼的是，没有人确切地知道自己的孩子将来能够达到怎么样的水平，他能不能适应幼儿园的生活，能不能顺利地进入学校。这些问题，没有人能够给出确定的答案。所以，在理想和现实之间作出何种妥协，对每一个家长来说就成了一个太难回答却又不得不回答的问题。

我们对孩子的未来又确应有一个大体的规划。一般来说，有几个因素共同决定着孩子未来能够达到的水平，包括：孩子的年龄、孩子当前的发展水平、孩子症状的严重程度（这里指的是核心的症状，而不是指外在的问题行为)、孩子的语言发展水平（有研究显示孩子的语言能力与长期的预后结果有一定的关联）、孩子所接受的教育干预的质量等。在进行教育干预之前，最好找相关的专业人士，包括医生、特殊教育教师，一同对孩子的未来发展规划提出建议，然后根据这些建议确定孩子的重点学习目标。

在各个发展领域之间，应当为孩子确定优先顺序。对于不同年龄、不同水平的孩子，哪些领域更重要，这个问题没有确定的答案，但是无论孩子处于何种功能水平，有几点是应当注意的。

第一，关于学业能力的重要性。有不少家长和老师过于注重孩子学业能力，比如识字、算数，认为只有这方面的进步才是真正的进步。学业能力当然是重要的，它是孩子进入幼儿园、小学并适应学习生活的重要准备。但是，学业能力和其他一些生活中所需要的能力相比，应当排在优先序列的后面，比如，交流和表达的能力（不仅指语言表达，也包括非语言表达，如用手势、卡片等方式）、生活自理技能、适当的社会交往行为、游戏和休闲的技能、遵守学习活动的常规和规范（如别人叫自己时能注意别人，别人和自己说话时懂得去听，上课时不能乱走动）。不错，学业能力是孩子进入幼儿园和小学的必要准备，但幼儿园和小学同样可以教他们学业能力，而如何让孩子学会交流、表达，学会遵从常规，学会让别人接受自己，这些是需要家长和专业人员完成的任务。

第二，对所有的孩子来说，最重要的是在他们生活中能发挥功能的技能，或者称为"功能性技能"。任何技能的教学，目的都是让孩子能在生活中使用该技能，从而帮助自己更好地适应生活。曾有一个孩子学会了用十多种手势来表示苹果，但当他想要吃苹果时，仍然只会用无意义的叫喊表达要求，不会主动用手势表达。对他来说，学到这么多手势是没有意义的。因此，在任何时候、教任何东西时，都要问自己这样几个问题："我为什么教这个？""孩子学会了之后能用它来做什么？""怎么教才能让孩子在生活中运用这个技能？"

2. 制定中长期目标和短期目标

在确定了长远的规划后，就要根据这个规划确定阶段性的目标。一般应当至少以学年（或学期）为单位，在每一学年（或每一学期）都为孩子确定中长期的目标。这些目标应当涵盖每一个发展领域。根据这些中长期目标，再具体制定孩子的短期目标。短期目标应当是中长期目标的分解，通过达到一个个短期目标最终达到中长期目标。

在确定目标之前，必须对孩子的目前水平有明确的评估，这样才能保证所制定的目标不过高也不过低。目标应当处于孩子的"最近发展区"中，也就是目前尚不能达到，但预计经过一段时间的努力能够达到的目标。给孩子做评估的工具有许多，大体上包括两类，一类是测查类的评估工具，通过一系列的题目测查孩子在各个领域所处的年龄水平，然后据此确定各领域的目标。如前文提到的 PEP 就属此类，它在七个领域均给出孩子一个"年龄当量"，即孩子相当于什么年龄的水平，根据这一水平，可以在该评估配套的手册上寻找对应的技能，超过该年龄的技能就是孩子应当学习的。第二类是课程类的评估工具，如前文提到的 ABLLS（包括以 ABLLS 为基础发展出的 VB – MAPP）就属于这一类。它是将各个领域的所有技能都列出来，在评估时就按照这些技能列表去检查孩子，哪些技能尚未掌握，就可以作为孩子将来的教学内容。和测查类的工具相比，课程类的工具不会给孩子评判分数，所以它的结果显得不够精练，但它却能够非常细致地告诉我们孩子已经会了什么、还缺什么，是很好的教学参考。

下表是为一个四岁的孩子所制定的中期和短期教学目标，其中对每一个目标的达成日期都进行了预先的计划（见最后一列），以作为将来评估教学进展情况的标准。

确立孩子的教学目标，事先应当尽可能多地收集有关孩子的信息，所有经常和孩子在一起的人的意见和看法都应该考虑进来。在美国等西方国家，这样的教育计划是通过召开会议的形式来制订的，来参加会议的人

所属领域	中期目标	短期目标	计划完成日期
注意力	共同注意，跟随别人视线	跟随他人指示，共同注意某件物品	
		追随他人目光，共同注意某件物品	
视觉任务	归类3种或以上事物（同时归类3种）	认识类别：汽车	
		认识类别：鸟	
		认识类别：鞋	
	按图摆放积木，4块以上（给多余积木）	能按图摆放2块积木，不给多余的	
		能按图摆放4块积木，不给多余的	
		能按图摆放4块积木，给多余的	
	根据图片提示按顺序排列物品	按照提示排列4个物品，不给多余的	
		按照提示排列6个物品，不给多余的	
		按照提示排列4个物品，给多余的积木	
		按照提示排列6个物品，给多余的积木	
接受性语言	在指令下能触摸不同位置上的物品	把物品放在孩子身前，能摸到和抓到	
		把物品无论放在什么位置，都能轻易摸到和抓到	
	指认两样常见物品中的一种	鸭子	
		杯子	
	在不同的指令下，能正确指认	"指"	
		"摸"	
		听懂指令："找找"	
		"把……给老师"	
模仿	物体操作模仿	把笔插进笔筒	
		把垃圾扔到垃圾筐里	
		敲小锤子	
小组学习技能（上小组课时的表现）	在小组课中能坐得住	坐住5分钟	
		坐住8分钟	
		坐住10分钟	
	在小组课中注意老师	三分之一的时间注意老师	
		二分之一的时间注意老师	
		四分之三的时间注意老师	
	听指令	听从小组老师的共同指令	
	回答问题	先举手再回答问题	
生活自理技能	能独立穿衣服	能独立穿上衣	
		能独立穿袜子	
	洗手	懂得饭前洗手并能独立完成	

包括孩子的父母及其他家长、老师（包括特殊教育教师），甚至幼儿园、学校的行政领导也都参加会议，以收集尽可能全面的资料，在会上，所有人共同协商并确定目标，以及教学要采取的形式和方法。在可能的情况下，孩子本人也会参加这一会议，听取他的个人意愿和看法。在国内的体制和现实条件下，这样的做法是不太现实的，但是我们仍然应当尽量地多渠道获取信息，集思广益，以求更全面、合理地制定教学目标和计划。

3. 确立阶段性的教学计划

在制定了教学目标后，就很容易确定每天的教学计划了，从教学目标中抽取一些并细化，就可作为教学内容。以上表中的目标为例，某一天的教学内容可以包括：

所属领域	短期目标	具体教学内容
注意力	跟随他人指示，共同注意某件物品	追随大人的手指指向的方向，看柜子上放着的物品
视觉任务	认识类别：汽车	将小汽车、大卡车、救护车的卡片归类
	能按图摆放3块积木，不给多余的	按照图示，将两块积木摆成大门的形状
	指认鸭子	从杯子和鸭子中辨别出鸭子，指令为："摸一摸小鸭子"
	辨别指令"摸"	
模仿	把笔插进笔筒	模仿把笔插进笔筒的动作
生活自理技能	能独立穿上衣	穿长袖拉链上衣

这个教学计划是阶段性的，每过一段时间，都应该回头看一看孩子的进步情况，并且根据孩子的表现来反思一下自己的教学，看是否如期达到了目标。如果孩子的进步快于或慢于原定计划的教学内容，都要作出相应的调整。

【延伸阅读】 个别化教育计划（IEP）

在很多发达国家，对于特殊教育的实施办法、程序等方面都有立法作为保障。比如，美国在 1975 年制定的《所有残疾儿童教育法》（Education for All Handicapped Children Act，又称 94-142 法）中规定，必须为每一个接受特殊教育和相关服务的特殊儿童提供一份书面的个别化教育计划（Individualized Education Plan, IEP）。94-142 法的实施细则中，详细规定了个别化教育计划的范围、内容、参与人员、设计程序等有关内容。在 1986 年、1990 年、1997 年、2004 年，美国又通过了几部有关特殊儿童教育的法令或修正案，不断完善个别化教育计划的理念和做法。随着法令的贯彻实施，制订个别化教育计划已经成为整合各种特殊教育和社会支持资源的核心机制，也是美国特殊教育最重要的环节。这个做法也逐步推行到了全世界，成为特殊教育的核心内容。在许多国家和地区，个别化教育计划已经不仅是一份教学参考，而是涉及特殊教育教学、管理等各个方面的综合性文件。在我国，从 20 世纪 80 年代起就有学者引入了个别化教育计划的概念，从 90 年代开始有了比较多的试行，但至今我国对此做法还没有通过法律的形式予以确定。很多地区虽然要求特殊教育为每名儿童制订个别化教育计划，但并未将其作为考核教学绩效的标准。除此外，由于我国对个别化教育计划的内容、参与者等细节缺乏统一的规定，这种做法实施的专业程度、效果都参差不齐。

下面简单介绍一下美国 2004 年修订后的特殊教育法（Individuals with Disabilities Education Act, IDEA）对个别化教育计划的参加者、包含内容的规定。

为制订个别化教育计划，应召开个别化教育计划会议，其参加者应包括：

* 儿童的家长

* 如果儿童正在或可以在普通教育环境中接受教育，那么要求有不少于一名普通教育教师参加

* 不少于一名特殊教育教师

* 一名具有相关领域知识或资质的公共机构代表

* 一位能够理解儿童的教育评估结果及其对教学的指导意义的人士

* 一位由儿童家长或公共机构所认可的具有相关专业知识的人士

* 当条件允许时，儿童本人也可参加

在个别化教育计划中，应包括如下的内容：

* 儿童当前的学业水平、功能表现

* 可测量的年度目标，包括学业和功能两大方面，这些目标应：

· 适应由于儿童的障碍而产生的特定需求，并使儿童能够在普通的教育环境中进步

· 满足儿童由于障碍而产生的其他教育需求

* 对于接受特别评估（如由于自身功能水平限制而不能接受一般的评估——作者注）以及由此制定特别的发展标准的儿童，要对儿童发展的基点或短期的目标做出描述

* 对如下内容的描述：

· 如何评估儿童的年度目标达成情况

· 多长时间对儿童的进步情况进行一次报告

* 为儿童提供的特殊教育和相关服务以及补充性的辅助措施

* 如果需要，对儿童的评估手段进行的个别调整

应用行为"分析"
——做好记录，用数据来指引教学

应用行为分析作为一种心理治疗和教育方法，具有关注应用、针对行

为、重视观察分析这样三大特征。重视观察分析，就是指它强调对孩子行为表现的观察，并主张将其记录下来，整理成为可见的数据，作为下一步行动的参考依据。在应用行为分析的学术研究中，数据的收集和整理是使一个研究具有可信性的依据，因此必不可少。在实践中，数据的收集虽然并非是每时每刻都必需的，但也有重要的意义。首先，它可以帮助我们更清楚地看到孩子的表现。其次，通过数据，我们可以很客观地回顾已经完成的教学，从而规划下一步的教学计划。本节简要介绍一些记录、整理数据的方法，您可以考虑对自己的教学是否会有帮助，并根据实际的时间、精力条件选择适当的方法。

一、行为表现的观察记录

1. 观察记录的方法

为了准确地观察和记录孩子的行为表现，首先要对要记录的行为有明确的界定，也就是我们从前介绍过的"行为定义"——把要观察的问题分解为单个的行为，然后对这些行为作出详细、具体、清楚的界定。比如，要想记录孩子的"自伤"行为，那么就应当根据他平时的表现，将"自伤"分解开——如"咬手""打头""撞头"等。

观察记录有不同的方式，可以按照时间间隔进行记录，也可以对行为出现的次数进行记录。

（1）时间单元记录

以时间为单位做记录，就是把一个观察的时段（如上课时的 30 分钟）分成若干个小单元（每 30 秒钟为一个单元）。在记录时，注意看孩子在某一个单元的范围里是否出现了要记录的行为，如果出现，就将该单元记为"＋"，不论在这个单元里出现了几次。如果没有出现则记为"－"或不做任何记录。如果孩子的行为从一个时间单元持续到了接下来的时间单元，那么所有涉及的时间单元都应记为"＋"。

为了方便记录，可以先将记录时段分隔成表格，每一个单元格就代表一个时间单元。如下面的例子：

目标行为：自言自语——自己对自己说没有任何实际意义的话，不求别人答复和回应

记录时间：9:00 - 9:30　　　　单位：30 秒

9:00 - 9:05	+	+			+			
9:05 - 9:10		+						
9:10 - 9:15				+		+	+	+
9:15 - 9:20			+					
9:20 - 9:25					+	+			+
9:25 - 9:30	+			+	+		+	

对于连续不断出现的行为，比如自言自语、不停地在眼前晃动双手等，适合采用时间单元记录的方法。而对于一下一下出现、可以计数的行为，如拍桌子、吐口水，则可以直接记录行为次数。

（2）行为次数记录

记录行为发生的次数是很简单易行的，每发生一次就在记录纸上做一个记号，最后加起来就可以了。有的时候，记录行为次数也需要区分行为发生的时间段，这样可以更清楚地了解孩子在什么时候行为出现得多，什么时候出现得少。这个信息对行为的功能分析是很有用的。

目标行为：吐口水　　　　记录时间：5月2日上午做活动

时间段	手工活动	自由游戏	语言训练	骑小自行车	点连线练习
出现次数	5	0	5	1	3

2. 用数据指导下一步的行动

在采用一定的策略干预孩子的行为时，需要随时了解所使用的策略是否真正达到了预期的效果。这时观察记录的数据就能发挥作用了。可以根据记录的数字，画成简单的统计图形。

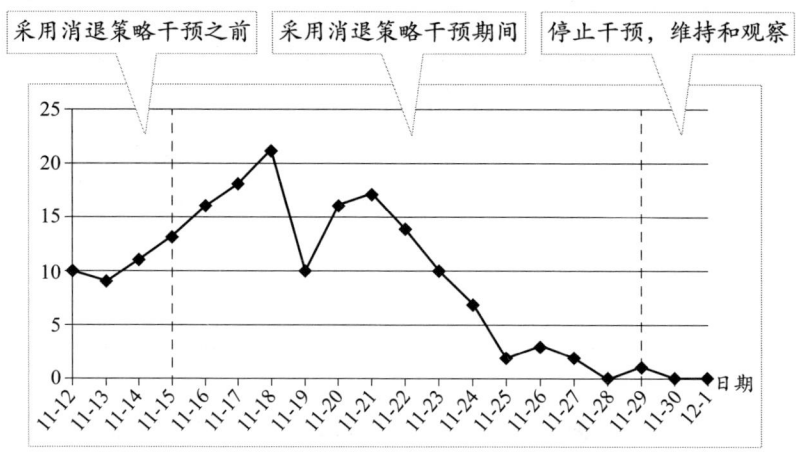

上图是一个使用消退策略干预孩子问题行为的图表。图表的横轴代表日期，纵轴代表问题行为出现的次数。记录的整个过程分为三个阶段：干预前、干预中、干预后。从图表可以看出，在干预前，该问题行为出现的频率为每天10次左右。而开始干预后的头几天里，增加到每天10多次甚至达到20次以上，这正是"消退爆发"的表现。继续干预下去，就看到了成效——孩子的问题行为逐渐下降，尽管期间仍有少数的反复，最终达到了每天不到5次的水平。在停止专门的干预后，孩子的问题行为仍然保持在很低的水平，说明整个干预收到了预期的成效，是成功的。

如果坚持每天观察记录，并把数据画到如上图所示的图表上，就可以很直观地看到自己的干预所处的状态。如果发现在进行干预后，得到的图表像下图所示的样子，那么就要回头反思干预的策略是否得当了。

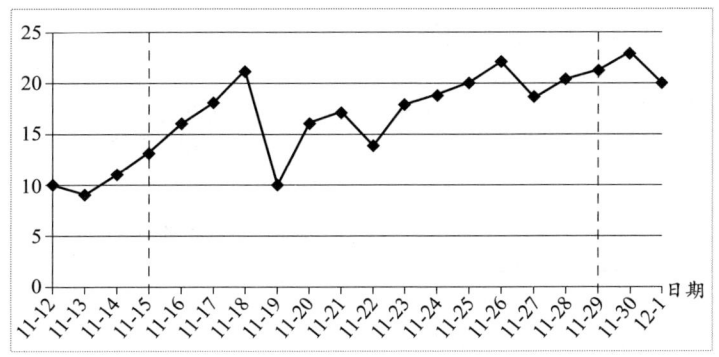

二、教学记录

1. 回合试验教学的记录

在教学的过程中做好记录，能够帮助我们在教学过程中抽出的几秒钟里清楚、细致地记录下尽可能丰富的信息，因此，需要认真地设计记录表。在介绍回合试验教学时，曾讲到过需要记录的信息包括：教学时间、教学内容、辅助的等级、完成情况（是否完成、辅助的程度），以及教学环境的变化、孩子的情绪状态、大人小孩之间的情感交流等其他信息。下面举一个包括这些信息的记录表的样例，也可以根据特定的习惯和需要，自行设计记录表。

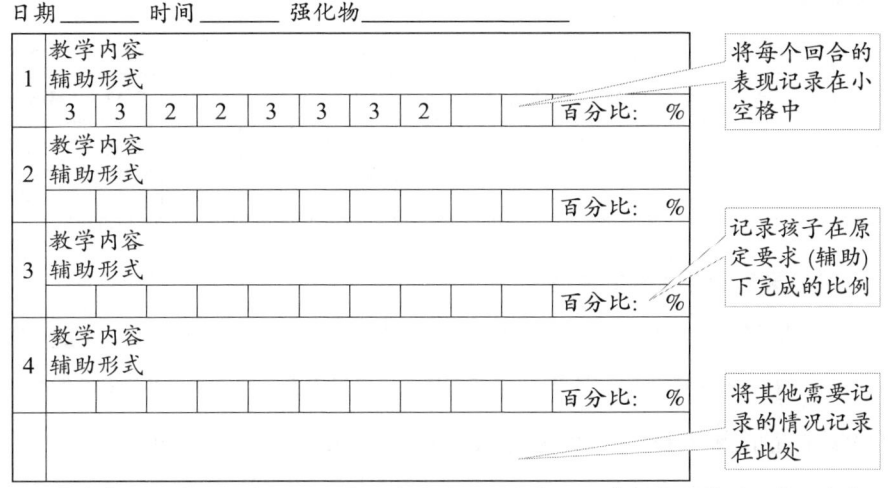

*1-未完成；2-在比预定辅助形式更高的辅助下完成；3-在预定的辅助形式下完成。

教学项目：_____ 强化物：_____

日期	9/6						
1	√						
2	△						
3	√						
4	△						
5	△						
6	√						
7	√						
8	△						
9	√						
10	√						
备注							

> 在此记录孩子在每个回合的表现。符号可以自己设计，如"√"代表在预定辅助形式下完成，"△"代表在更高程度的辅助下完成。

> 可以在这里记录孩子的其他表现情况。

这张记录表用来记录孩子在一节课中的表现。也可以设计其他形式的表格，例如，将一项教学内容连续几天的表现记录在同一个表中。

2. 在其他教学中做记录

下图是以串链的策略教孩子穿衬衫的记录表，分解出的每个步骤从上至下列在表中，根据孩子掌握的步骤，在相应的空格里打"√"。

步骤	第1天	第2天	第3天	第4天	第5天
把衬衫放到适当的位置，以便能正确地穿上	6	6	6	6	6
把衬衫放到头顶	5	5	5	5	5
把衬衫套在头上	4	4	4	4	4 √
抓起衬衫一角，以便胳膊能顺利伸进袖子	3	3	3 √	3 √	3 √
把胳膊伸进袖子	2 √	2 √	2 √	2 √	2 √
把衬衫拉下来	1 √	1 √	1 √	1 √	1 √

3. 利用记录表绘制"进步曲线"

做好记录的目的，是为了更好地掌握孩子的学习进步情况。要达到这一目的，还需要把记录的数据进行更进一步的处理。例如，把孩子在每一天教学中完成预定目标的百分比计算出来，再绘制一个"进步曲线图"，就可以很直观地看出孩子的进步情况。

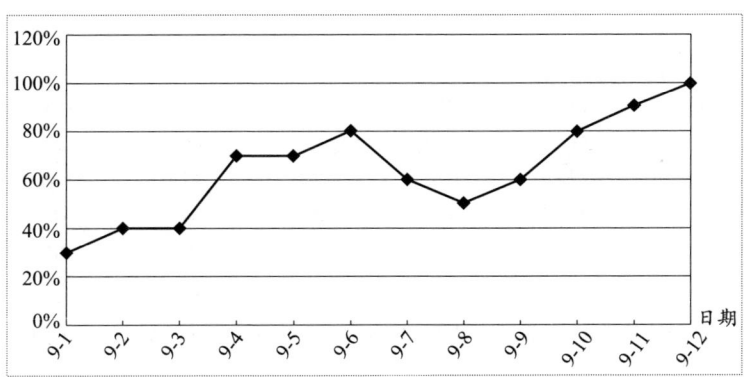

例如，对于"将小汽车、大卡车、救护车的卡片归类"这一学习项目，根据孩子在回合试验教学中的表现记录，从9月1日到9月12日的表现分别为：在30%、40%、40%、70%、70%、80%、60%、50%、60%、80%、90%、100%的回合中达到了预定的要求，则可以照此绘制图表。在这个表中，可以很清楚地看出，在9月6日之后的几天里，孩子的表现有较大的退步，而在9月9日后又开始较快地恢复和进步。通过翻阅这两天的记录，看看孩子是否出现了情绪问题、行为问题，比如是否上课时的哭闹影响了学习，或者这几天是否发生过一些不寻常的事情（比如，做训练的地点从卧室搬到了客厅里），等等。这样就可以很方便地回顾孩子在前一段时间的学习进步情况，并且能根据进步或退步的日期，找到原因，从而总结经验和教训。

而对于前面给出的串链教学的记录表，如果将表中的"√"用线条连起来，就构成了一条进步曲线，同样可以直观地看到孩子的进步情况。

也可以将记录的重点放在辅助的方式上。通过记录每天接受辅助的程度，很直观地看出孩子学习的进步情况。

周一	周二	周三	周四	周五	周六
I	I	I	I	Ⓘ	Ⓘ
V	V	V	V	V	V
PG	PG	PG	PG	PG	PG
G	G	Ⓖ	Ⓖ	G	G
ⓅⓂ	ⓅⓂ	PM	PM	PM	PM
M	M	M	M	M	M
PP	PP	PP	PP	PP	PP
P	P	P	P	P	P

I – 独立完成；V – 言语示范辅助；PG – 半姿势辅助；G – 姿势辅助；PM – 半示范辅助；M – 示范辅助；PP – 半躯体辅助；P – 躯体辅助。

从这个记录表中可以很清楚地看到，孩子从周三开始不再需要大人用半示范的方式辅助他，到周五时就可以独立地完成目标了。

4. 用数据指导下一步的教学

和处理问题行为时一样，教学中所收集的数据，同样可以做成图表的形式，直观地指导我们的教学活动。

（1）画出期望线

首先，根据对孩子提出的要求，画出一个理想状况下的进步线。这个曲线反映的是期望，而不是现实，是为了将来和现实状况相对比。

如果在给孩子制订的个别化教育计划中，有一个目标是"能够以90%的正确率完成配对任务"，那么绘制期望曲线的具体做法是：第一步，评估孩子的现有水平，将记录的数据标在图表上。如下图所示，4月2日、3日、4日这三天孩子的正确率分别为20%、10%、15%，取时间的中间点（4月3日）和成绩的中间点［(20% + 10% + 15%)/3 = 15%］，标出一个起始点。第二步，按照最终的期望值——4月20日达到90%，标出一个目标点。第三步，在起始点和目标点之间，画一条直线。

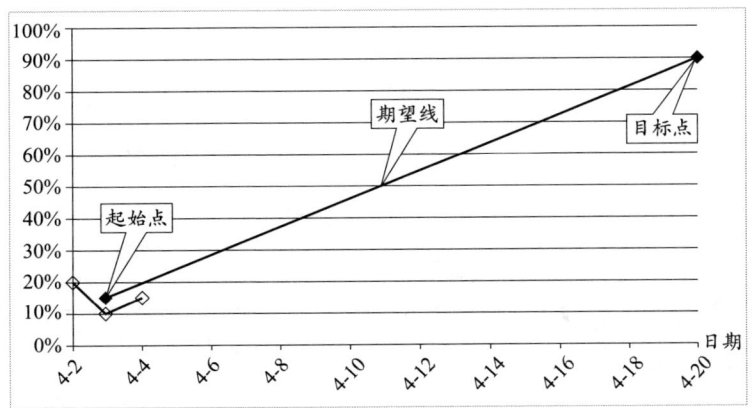

（2）对比现实表现和期望线，做出教学决策

开始教学后，每天都对孩子在教学中的表现加以记录，然后将记录下的数字标到图表当中，将这些标出的点逐日连接起来，就得到了孩子实际表现的曲线。通过对实际曲线和期望线的对比，可以看出教学是否起到了预期的效果，并据此决定是否需要做出调整。

如果进行教学几天后，记录的数据呈现这样的状态，就表明教学正取得正常的进展，无需任何改变。

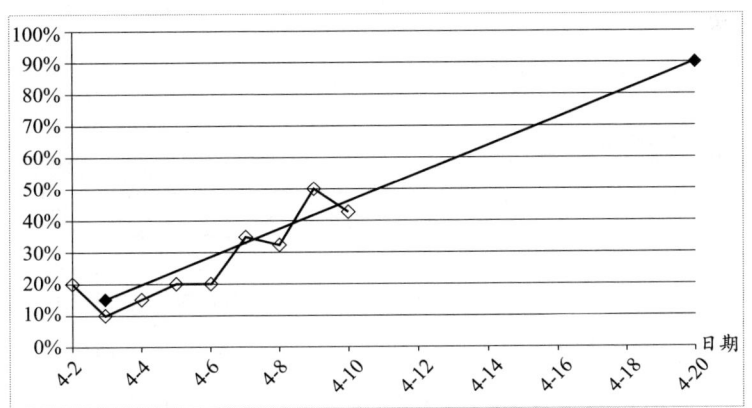

如果几天的教学显示出下面的曲线，则表明对孩子的目标设定过低了，可以加快教学的进度，或者提高学习任务的难度。

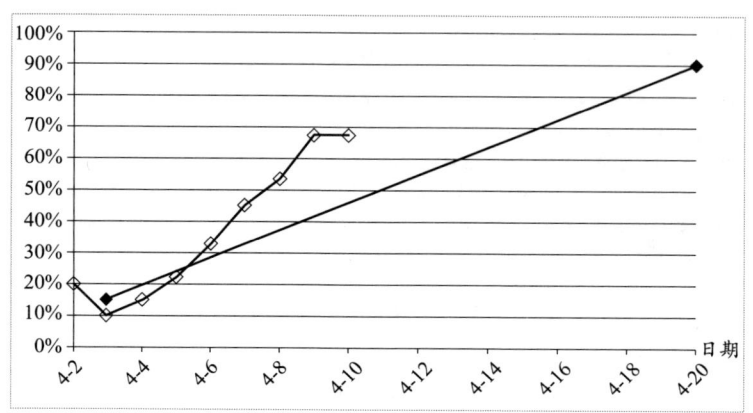

下面的曲线表明孩子没有从教学中获得任何进展，提醒我们应考虑是否应当重新设定较低一点的目标，或者反思自己的教学环节是否出现了问题。

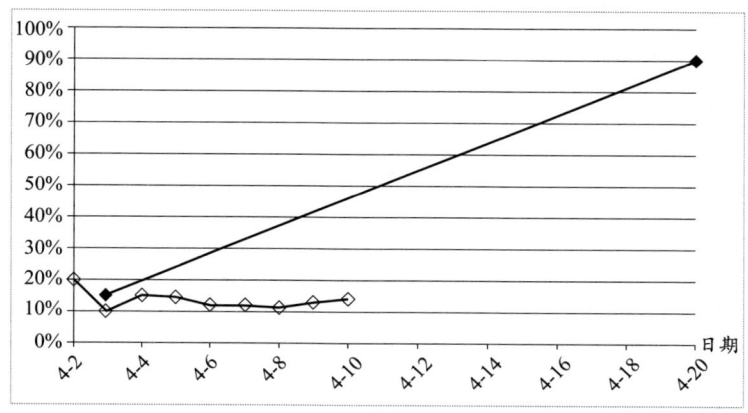

如果得到的曲线是这样的（见下图），则表明孩子的表现忽上忽下，难以捉摸。出现这种情况很可能的原因是，孩子有能力达到目标，但在教学中没有很好地集中注意力，或不配合，导致表现有大的起伏。这时就应考虑进行配合训练了。

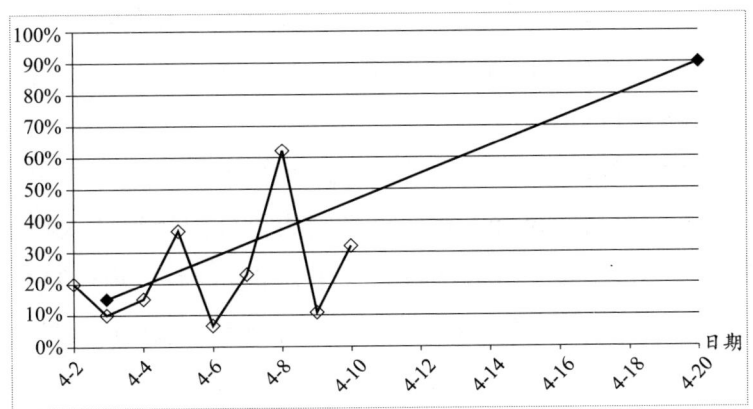

5. 用图表记录教学计划的完成情况

孩子教学计划上的所有项目都可以以图形的形式记录在表格中，然后用颜色、图形等方式进行阶段性的记录。在下图中，将孩子的计划按照领域分别绘制成阶梯状的表格。

（1）用表格来记录教学计划的进展

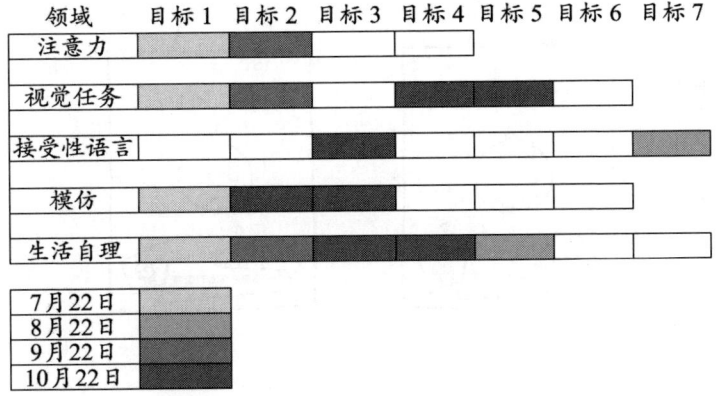

在这个图中，把各个领域的目标都用一段空格来表示。例如，"注意力"领域有4个目标，"视觉任务"领域有6个目标，用不同的颜色表示孩子在不同时间段已经掌握的技能。在7月22日进行了一次检查，将孩子已经掌握的技能用蓝色的笔在相应的空格里涂上色；8月22日和9月22日分别又有两次检查，这两次检查所发现已掌握的技能，分别用粉色和青色笔记录。这样，就可以非常直观地看出孩子在每个月有哪些进步。当所有的表格都被涂上颜色后，就表示该教学计划完成了。

（2）设计其他的记录法

除了用表格记录外，还可以采用其他有趣的形式将孩子的教学项目组织起来。比如，成长记录袋。在两个小纸袋上分别标注"太棒了！"和"加油！"的记号。把孩子教学计划中所有未完成的教学项目写在小卡片上，放在"加油"袋里。每当孩子掌握了一个项目，就把该项目的卡片从"加油"袋子拿到"太棒了"袋子里面。当"加油"袋子里的卡片都拿走了之后，就表示这一阶段的教学计划已经顺利完成了！

在教学当中，还可以随机地从"太棒了"袋子里抽出几张卡片，作为维持项目穿插到教学当中去。这种形式还可以进行拓展，比如，增加一个"希望袋"，里面装有正在学习但还未很好掌握的项目。

初版后记

终于看到这本小册子付梓出版，诸多感慨难以尽言。本书初稿早在2007年就已完成，最初只是我做家长、教师培训的讲稿。在敬爱的良师、益友——杨晓玲教授的鼓励下，我将其撰写成文，并历经两年多的修改和充实，希望它现在展露给读者的是一副清新、清晰而亲切的面孔。

孤独症儿童的教育康复，是世上最需脚踏实地、来不得半点虚假和马虎的事业。在本书的撰写中，我时刻以此提醒自己，不敢有半点妄言。书中的理论和实例，都来自于我在孤独症教育一线工作中的亲身体验和观察以及在硕士和博士学习期间的积累。在北京、河北、山东等地进行家长和教师培训时，我常将书中内容拿出来，和广大家长、教师交流；在美国马里兰大学访学期间，我也曾多次向数位国际知名专家请教。凡此种种努力，都是为了做到"不妄言"，把去伪存真、去粗取精的东西献给读者。

承蒙错爱，本书得到了很多家长、专家的肯定和鼓励。其实我清醒地知道，他们所认可的，更多的是一种踏实、务实的精神。毕竟，我们亟需的不是更多的理论家，而是脚踏实地的践行者，心无旁骛的探索者。在我的心目中，最伟大的践行者和探索者，是广大的家长朋友们，只有你们，才是真正的英雄！

本书能够得以出版，要感谢的人很多：我的良师益友杨晓玲大夫、贾美香大夫，我的ABA启蒙老师郭延庆大夫，帮本书修正文字的衡妈妈、衡爸爸，给过我很多鼓励的秋爸爸、冯斌先生，以及所有我请教过的家长、老师、专家们。要特别感谢的是给了我莫大机会和勉励的孙梦麟老师，和我可亲可敬的同事郝老师、小杨、小蔡、辉子、小黄等等，你们的信念、坚韧和专业经验是我赖以成长的养料。当年初出茅庐的我能够遇到你们，幸何甚也！最后是本书的编辑刘娲，是她的耐心和专业精神使本书的顺利出版成为可能。而她对孤独症孩子们的责任感，更让我感到自愧并值得终生学习。

由于水平和经验的限制，本书中的疏漏和不足之处是必然存在的，万望各位读者能够不吝赐教，予以批评指正，在此表示衷心的感谢！

刘　昊

2009 年 11 月

再版后记

时光荏苒，离《孤独症儿童的行为教学》第一次出版，一晃已过去了七八年。承蒙读者们宽容它的诸多不足，给了它重版的机会。重版的过程迫使我再去认真看它，直面它的不完美而心中再添忐忑。不过这个过程也让我有机会重温回忆，记起当年在特殊教育机构里和那群小伙伴们一块儿奋斗的点点滴滴。那时的日子简单而真切，清贫但自然。也依然能记起孩子们和他们的爸爸、妈妈、爷爷、奶奶，每一个家庭的彷徨、期许、努力和坚持。如今小伙伴们都已各奔东西，当年的孩子们也应该都长大了，不知道在过着怎样的生活。

七八年的时间足以改变很多个体的人和事，但人间的事和情大抵是不变的。在孤独症儿童教育和康复领域，依然有很多人在努力、坚持，依然有很多事不时地带给我们感动。这些年来，无论是舆论和政策环境，还是社会和人际环境都有了很多进步。可以说，中国的孤独症儿童已经生活在一个比十年前更好的世界中，衷心地希望它能不断变得更好。套用一句"俗"话，前途一定是光明的，尽管道路会又长又曲折。

在孤独症诊疗和康复领域似乎也是这样。孤独症的病理研究、诊断技术仍然在等待着划时代的突破，在这个突破到来之前，甚至也许在到来之后，治疗和康复工作都要继续缓慢地稳步前行。虽然各种教育、康复方法不断涌现，但应用行为分析仍然是最广为认可和通用的技术。作为对这项最为基本的技术的介绍，本书里的内容尚不算过时，希望它能为初学的读者们提供一个清晰、简单的框架。

在重版的过程中，根据近几年对应用行为分析的认识，将术语统一成了大家更认同和认可的译法，这也会帮助初学者更好地理解应用行为分析的内容。在初版发行的几年中，有不同的朋友提供了详细的修改意见，指出了书中的一些错误。另外，补充了可参考和借鉴的图书信息。以上这些修改得益于认真阅读、评论和指正的读者。

感谢所有为这本书提出建议和意见的朋友们。希望还能不断听到来自各方的反馈，未来能有机会继续改进、完善它。

刘　昊

2018 年 4 月

华夏特教系列丛书

书号	书名	作者	定价
	孤独症入门		
*0137	孤独症谱系障碍：家长及专业人员指南	[英]Lorna Wing	59.00
*9879	阿斯伯格综合征完全指南	[英]Tony Attwood	78.00
*9081	孤独症和相关沟通障碍儿童治疗与教育	[美]Gary B. Mesibov	49.00
*0157	影子老师实战指南		49.00
*0014	早期密集训练实战图解	[日]藤坂龙司等	49.00
*0119	孤独症孩子希望你知道的十件事（第2版）	[日]吉田友子	88.00
*0107	孤独症儿百科：1001个教学养育妙招		49.00
*9202	应用行为分析入门手册（第2版）	[美]Albert J. Kearney	39.00
	教养宝典		
*5809	应用行为分析和儿童行为管理	[美]Ellen Notbohm	30.00
*0149	孤独症儿童关键反应教学法（CPRT）	郭延庆	59.80
9991	做・看・听・说（第2版）	[美]Aubyn C. Stahmer等	98.00
8298	孤独症谱系障碍儿童关键反应训练（PRT）掌中宝	[美]Kathleen Ann Quill等	39.00
*9942	神奇的5级量表：提高孩子的社交情绪能力（第2版）	[美]Robert Koegel等	48.00
*9944	焦虑，变小！变小！（第2版）	[美]Kari Dunn Buron等	36.00
*9496	地板时光：如何帮助孤独症儿童沟通与思考	[美]Stanley I. Greenspan	68.00
*9348	特殊需要儿童的地板时光：如何促进儿童的智力和情绪		69.00
*9964	语言行为方法：改善孤独症或相关障碍人士行为的视角	[美]Mary Lynch等	49.00
9203	行为导图	[美]Amy Buie等	28.00
9852	孤独症儿童早期管理策略及行为治疗课程	[美]Ron Leaf等	68.00
8607	孤独症儿童早期干预丹佛模式（ESDM）	[美]Sally J. Rogers等	78.00
*9489	孤独症的行为游戏想象力	刘昊	49.00
*8958	功能性行为评估及干预实用手册（第3版）	[美]Pamela Wolfberg	59.00
9324	特殊需要儿童视频示范实用指南	[美]Robert E. O'Neill等	49.00
*0170	孤独症谱系障碍儿童焦虑管理实用指南	[美]Sarah Murray等	49.00
*0177	语言行为方法：孤独症焦虑起管理实用指南	[美]Christopher Lynch	49.00
8936	发育障碍儿童诊断与训练指导	[日]柚木馥、白崎研司	28.00
*0005	结构化教学的应用	于丹	69.00
9678	解决沟通问题		68.00
9681	促进沟通技能的视觉策略	[美]Linda A. Hodgdon	59.00

书号	书名	作者	定价
	融合教育		
*9228	融合学校问题行为解决手册	[美]Beth Aune	30.00
*9318	融合教室问题行为解决手册		36.00
*9319	日常生活问题行为治疗与教育		39.00
*9210	影子老师集体实战指南		59.00
*9211	资源教室建设方案与课程指导	王红霞	39.00
*9212	教学相长：特殊教育需要学生与教师的故事		49.00
*0078	巡回指导需要学生：每位教师都应知道的事	孙颖	49.00
*9201	"你会爱上这个孩子的！"（第2版）	[美]Paula Kluth	98.00
8957	给其他鲸鱼就好：巧用孤独症学生的兴趣和特长		30.00
*7809	特殊儿童随班就读训练用书	华国栋	49.00
8338	靠近另类学生：关系驱动型课堂实践	[美]Michael Marlow等	36.00
9330	融合教育的理论与实践	吴淑美	69.00
9329	融合教育特殊教材教法		59.00
9497	孤独症谱系障碍学生课程融合（第2版）	[美]Gary Mesibov	59.00
	生活技能		
*0130	孤独症和相关障碍儿童如何训练指南（第2版）	[美]Maria Wheeler	49.00
*9463	发展性障碍儿童性教育案集/配套练习册	[美]Terry Katz	71.00
*9464	身体功能性障碍儿童性教育案集/配套练习册	[美]Glenn S. Quint等	103.0
*9215	孤独症谱系障碍儿童睡眠问题实用指南		39.00
8987	孤独症儿童安全技能发展指南	[美]Freda Briggs	42.00
*8743	智能障碍儿童性教育指南		49.00
*0206	迎接我的青春期：发育障碍男孩成长手册	[美]Terri Couwenhoven	68.00
*0205	迎接我的青春期：发育障碍女孩成长手册		29.00
	转衔|职场		
*0296	长大成人：孤独症谱系人士转衔指南	[加]Katharina Manassis	29.00
*0301	我也可以工作！青少年自信沟通指南	[美]Kim Manecke	59.00
*0299	职场潜规则：孤独症及其他障碍人士职场社交指南	[美]Brenda Smith Myles	39.00

社交技能

*9500	社交故事新编（十五周年增订纪念版）	[美]Carol Gray	59.00
*9941	社交行为和自我管理：给青少年和成人的5级量表	[美]Kari Dunn Buron 等	36.00
*9943	不要！不要！不要超过5！：青少年社交行为指南		28.00
*9537	用火车学对话：提高对话技能的视觉策略		36.00
*9538	用颜色学沟通：找到共同话题的视觉策略	[美]Joel Shaul	42.00
*9539	用电脑学沟通：提高社交技能的视觉策略		39.00
*0176	图说社交技能（儿童版）	[美]Jed E. Baker	88.00
*0175	图说社交技能（青少年版）		88.00
*0204	社交技能培训实用手册：70节沟通和情绪管理训练课		68.00
*9800	社交潜规则：帮助有社交问题的儿童掌握社交技能		68.00
*0150	看图学社交（第2版）	[美]Temple Grandin	88.00

与星同行

*0109	红皮小怪：教会孩子管理愤怒情绪	徐磊 等	36.00
*0108	恐惧巨龙：教会孩子管理焦虑情绪		42.00
*0110	失望魔龙：教会孩子管理失望情绪	[英]K.I.Al-Ghani 等	48.00
*9481	喵星人都有阿斯伯格综合征		38.00
*9478	汪星人都有多动症	[澳]Kathy Hoopmann	38.00
*9479	嗜星人都有焦虑症		38.00
*0302	孤独的高跟鞋：PUA、厌食症、孤独症和我	[美]Jennifer O'Toole	49.90
*9090	我心看世界（最新修订版）	[美]Temple Grandin	49.00
7741	用图像思考：对孤独症系的思考		39.00
8514	孤独有思：与孤独共生	[美]Douglas Biklen	45.00
8297	男孩的孤独者：孤独症真人其事	[美]Judy Barron 等	49.00
9227	虚构的孤独者：孤独症真人其事		39.00
8762	让我听见你的声音：一个家庭战胜孤独症的故事	[美]Catherine Maurice	36.00
8512	养育星儿四十年	[美]蔡张美铃、蔡逸周	28.00
*9762	蜗牛不放弃：中国孤独症群落生活故事	张雁	49.00

经典教材｜工具书｜报告

*8202	特殊教育辞典（第3版）	朴永馨	59.00
*9715	中国特殊教育发展报告（2014-2016）	杨希洁、冯雅静、彭霞光	59.00
0127	教育研究中的单一被试设计	[美]Craig Kennedy	88.00
*8736	扩大和替代沟通（第4版）	[美]David R. Beukelman 等	168.0
9707	行为原理（第7版）	[美]Richard W. Malott 等	168.0
9426	行为分析师执业伦理与规范（第3版）	[美]Jon S. Bailey 等	85.00
*8745	特殊儿童心理评估（第2版）	韦小满、蔡雅娟	58.00
8222	教育和社区环境中的单一被试设计	[美]Robert E.O'Neill 等	39.00

新书预告

出版时间	书名	作者	估价
2022.06	应用行为分析与儿童行为管理（第2版）	[日]村本净司	59.00
2022.07	成人养护机构实战指南	郭延庆	49.00
2022.07	我行功能提高手册	[美]James T. Chok	48.00
2022.08	功能分析应用指南	[美]Adel Najdowski	48.00
2022.08	孤独症谱系障碍儿童独立行为养成手册	[美]Lynn E. McClannahan 等	49.00
2022.09	融合教育学校教学与管理	彭霞光	59.00
2022.09	孤独症儿童同伴干预指南	[美]Pamela J. Wolfberg	88.00
2022.10	课程本位测量入门指南（第2版）	[美]Michelle K. Hosp 等	69.00
2022.10	逆风起航：新手家长养育指南	[美]Mary Lynch Barbera	59.00
2022.10	影子老师实战指南		49.00
2022.11	家庭干预实战指南	[美]Nancy J. Patrick	49.00
2022.11	阿斯伯格综合征青少年和成人的社交技能	[新亚历克斯·利奥 W.M. 等	39.00
2022.12	走进职场：阿斯伯格人士求职和就业完全指南	[美]Gail Hawkins	88.00
2022.12	应用行为分析与社交训练课程	[美]Mitchell Taubman 等	88.00
2022.12	准备上学啦	[美]Ron Leaf 等	69.00
2022.12	多重障碍学生教育	盛永进	88.00

微信公众平台：HX_SEED（华夏特教）
微店客服：13121907126（同微信）
天猫官网：hxcbs.tmall.com
意见、投稿：hx_seed@hxbph.com.cn
联系地址：北京市东直门外春秀路园北里4号（100028）

标*号书籍均有电子书